Destellos

de esperanza

Con mucho
Amor quel al
Leer estas Paginas
Dios Inunde de Paz
tu vida

A.t.t.E. Iglesia Casa
De
Dios y Puerta
Del
Cielo
Pastora Magnolia AO
504-502-6713
4/30/21

Nuestras oraciones la acompañaran

Destellos
de esperanza

Inspiración para tu alma

B&H
ESPAÑOL

NASHVILLE, TENNESSEE

Destellos de esperanza

Clasificación Decimal Dewey: 242.643
Clasifíquese: Literatura devocional / Mujeres /Meditaciones

ISBN: 978-1-5359-0282-3
Impreso en EE. UU.

2 3 4 5 6 7 8 * 23 22 21 20 19

ESTRELLITAS DE ESPERANZA

Mateo 5:14

*Ustedes son la luz del mundo,
como una ciudad en lo alto de una
colina que no puede esconderse.*
—NTV

¿Alguna vez se te ha ido la luz de la casa y te encontraste de un momento a otro completamente en tinieblas? Sientes un poco de pánico, buscas cerillos y velas o una linterna… y solo entonces te tranquilizas. Por otro lado, si has andado en el campo sin poder alumbrar tu camino, posiblemente te hayas tropezado o arañado. Se agigantan los sonidos que escuchas, e imaginas monstruos o por lo menos bestias peligrosas a tu alrededor. Sin luz puedes sentirte perdida o angustiada, sin rumbo y sin esperanza.

Jesús, la misma Luz del mundo, también nos llamó portadoras de esa luz. Para las personas que no lo conocen a Él, somos las que reflejan Su imagen. En Juan 1 vemos que la luz brilla en la oscuridad, y la oscuridad jamás podrá apagarla. Cristo vino a un mundo en tinieblas para disipar esa oscuridad. De la misma manera, nos llama a ser estrellitas que representan Su verdad en esta tierra llena de mentiras, temores y peligros.

Suena hermoso, pero ¿cómo lograrlo? Primero, tienes que estar conectada a diario con la principal fuente de Luz verdadera, con Cristo. Empápate de Su Palabra; escoge un versículo que te guíe en este día. Luego, permite que Él te enseñe a lo largo del día qué palabras o acciones tuyas pueden ser usadas para dar luz a las personas que cruzan tu camino.

Mi pequeñita luz la dejaré brillar.

HARRY DIXON LOE

LA METAMORFOSIS DEL CORAZÓN

2 Corintios 5:17

Esto significa que todo el que pertenece a Cristo se ha convertido en una persona nueva. La vida antigua ha pasado, ¡una nueva vida ha comenzado! —NTV

Resulta increíble cómo una oruga gorda y peluda se transforma en una mariposa delicada y llamativa. Si uno no supiera que ocurre el proceso de la metamorfosis, dudaríamos que se trata del mismo insecto. ¡Pensaríamos que son dos seres diferentes! ¿Te sientes como una oruga? ¿O vuelas como una mariposa? Si perteneces a Cristo, ¡has pasado por una transformación interior!

Cuando creemos en Jesús como nuestro Salvador, cuando estamos «en Cristo», Dios nos vuelve a crear. En otras palabras, Dios nos hace unas nuevas criaturas que pueden tener comunión con Él otra vez. El pecado afecta esta relación y andamos como orugas. Pero cuando Jesús entra a nuestras vidas nos transforma y nos hace unas mariposas. En otras partes de la Escritura esto se explica como un nuevo nacimiento.

Entender esto requiere fe, creer en lo que Dios dice, aunque no lo veamos o no lo sintamos. Al ir caminando en estos días, abre tus oídos para oír y tus ojos para ver las maravillas de lo que eres en Cristo. Confía en que Jesús te irá guiando para descubrir tu nueva identidad en Él. Así que ya no andes arrastrándote por el suelo como una oruga. ¡Es hora de volar!

Ya no vivo yo, más vive Cristo en mí.

PABLO

LOS FANTASMAS DEL ABISMO

Colosenses 1:13-14

Él nos libró del dominio de la oscuridad y nos trasladó al reino de su amado Hijo, en quien tenemos redención, el perdón de pecados.
—NVI

adivina el tema de esta familia de palabras: iceberg, proa, Leonardo Di Caprio. ¡Adivinaste! «Titanic» ha sido un tema fascinante, sobre todo, para el productor cinematográfico James Cameron. No solo produjo la galardonada cinta, sino también el documental «Los fantasmas del abismo», en el cual, dos cámaras-robots submarinas fueron lanzadas al lugar del descanso final de la leyenda.

Ojos humanos no se habían asomado por aquellas hermosas ventanas desde 1912 porque no es posible sobrevivir a tal profundidad. Las luces de los robots rompen la densa oscuridad para inundarnos de añoranza al poder observar el imponente casco, ahora corroído por la sal, así como las lujosas vajillas y exquisitas lámparas cundidas de óxido.

La Biblia dice que Dios arrojó nuestros pecados al fondo del mar desde aquel día en que los confesamos y creímos en Su perdón absoluto. Él nunca más se acordará de ellos. A veces, perdemos la paz porque con los ojos de nuestra mente nos asomamos a ese abismo donde yacen oxidados los errores del pasado.

Recuerda siempre que has sido totalmente perdonada. Tu deuda ha sido completamente pagada en la cruz. Cuando se asome la culpa, toma el control de tus pensamientos y emociones. Voltea en la dirección correcta, no hacia abajo, donde domina la oscuridad, sino hacia el cielo, donde reina el Príncipe de Paz.

Mis pecados son borrados ya, mi Jesús los sepultó en la más profunda mar.

YO ASISTÍ A MI PROPIO FUNERAL

Romanos 6:2

Nosotros hemos muerto al pecado, entonces, ¿cómo es posible que sigamos viviendo en pecado? —NTV

Nadie lo podía creer. Después de cinco años de usar drogas de manera constante y peligrosa, María las dejó por completo. De la noche a la mañana rehusó fumar marihuana o consumir cocaína y otros estimulantes. ¿Cuál fue la diferencia? Cristo en su vida.

«Aún lucho todos los días, sobre todo cuando estoy triste. Me entran ganas de volver atrás. Pero a diferencia del pasado, ahora hay una fuerza dentro de mí que me ayuda a decir no. ¡Es Jesús en mi vida!».

El cantautor mexicano, Rubén Sotelo, escribió: «Yo asistí a mi propio funeral, aunque en realidad nunca viví. No es un disparate, amigo, solo lo que digo es que un día yo morí". Cuando creemos en Jesús, morimos al pecado. El pecado ya no tiene poder sobre nosotros. Por esa razón, María dejó las drogas y otros han escapado del alcoholismo y otros vicios. La cruz de Cristo nos ha dado esa victoria.

Aún no estamos del todo libres de la presencia del pecado. Eso será cuando estemos en el cielo, y por eso, como María, luchamos con los deseos de volver atrás o hacer lo malo. Pero Jesús nos está santificando, es decir, Él nos ayuda y nos da la fuerza para decir «no». ¿Tú ya moriste al pecado?

***

Yo asistí a mi propio funeral porque un día yo morí.

RUBÉN SOTELO

ENTRA EN SU PRESENCIA

Hebreos 4:16

Así que acerquémonos con toda confianza al trono de la gracia de nuestro Dios.
—NTV

*N*uestra amiga, Arlene, se enfermó de leucemia cuando era adolescente. Después de intensos e insoportables tratamientos, al fin estuvo en remisión por un tiempo. Entonces, se inscribió con una organización que procuraba cumplir los deseos de niños con enfermedades terminales. Su ilusión era conocer a la realeza inglesa.

Después de unos meses, le informaron que ya estaban listos los boletos para que ella y su familia fueran a Inglaterra para unos días de ensueño. Luego, de último momento, llegó la sorpresa. A pesar de las predicciones, ¡irían a platicar con el príncipe Carlos! Prepararon sus mejores ropas para la gran ocasión. Al llegar al país, recibieron instrucciones sobre la etiqueta en el Palacio de Buckingham, y aprendieron a hacer las reverencias apropiadas y a guardar su distancia.

Si aquí en la Tierra existen tantos requisitos para entrar en la presencia de la realeza, ¡imagina lo impensable de poder estar como meros seres humanos ante Dios mismo! Los andrajos del pecado nos avergonzarían y no seríamos aceptos ante Su trono. Solo porque Jesucristo tomó nuestra suciedad sobre Él en la cruz y nos vistió de ropajes reales de justicia, recibimos la invitación inmerecida de entrar a Su palacio. ¡Qué bendición! ¿Has entrado al palacio del Rey?

Del trono santo alrededor niñitos mil están.

ANNE SHEPHERD

EL AMIGO PERFECTO

Juan 15:15

*Ya no los llamo siervos, porque el
siervo no está al tanto de lo que
hace su amo; los he llamado
amigos... —NVI*

Danna y Sara han sido compañeras de escuela por varios años, están juntas siempre que pueden, se mandan mensajes por el celular, por Facebook o la red social de moda. En una palabra, siempre están: «conectadas». Su amistad ha perdurado porque se tienen confianza. Son afortunadas quienes logran cultivar y conservar una amistad así.

A veces no nos damos cuenta del gran privilegio que Jesús nos concede al considerarnos sus amigas. Él dijo que una prueba de Su amistad es que nos ha tenido la confianza para platicarnos las cosas que oyó decir a Su Padre. En Su Palabra,

Jesús nos habla, nos reconforta y nos aconseja. Y no solo eso, la prueba más grande de amistad que un amigo puede ofrecer a otro es dar su propia vida a cambio de la de su amigo.

Cristo no solo dio Su vida por ti, sino que te ha tenido confianza y te llama «amiga». Él es nuestro amigo perfecto. Podemos estar siempre conectadas con Él mediante la oración, pues nos conoce mejor que nadie, está siempre dispuesto a escucharnos y nunca nos va a defraudar.

Jesús ha tomado la iniciativa de buscarte y aun salvarte. Como en toda amistad, la reciprocidad es saludable y muy importante. ¿De qué manera vas a corresponder a esa amistad?

No hay amistad sin confianza, ni confianza sin integridad.

SAMUEL JOHNSON

UNA ESCLAVA DE DIOS

Romanos 6:22

*...pero ahora quedaron libres del
poder del pecado y se han hecho
esclavos de Dios.* —NTV

En aquellos tiempos, cuando se practicaba la esclavitud en Estados Unidos, Sally se encontraba en el mercado de esclavos. Aun cuando el subastador la ofrecía, ella repetía: «No voy a trabajar. Puede venderme a quien quiera, pero me niego a trabajar».

El anterior amo de Sally la había maltratado hasta romper sus dientes y causarle heridas que jamás sanarían. De repente, alguien la compró. El precio se pagó y Sally tuvo un nuevo dueño. Pero mientras la llevaban a su nuevo hogar murmuraba entre dientes: «No voy a trabajar».

Por fin la presentaron ante su nuevo amo. Ella le dijo: «Soy Sally, y no voy a trabajar». El hombre la miró: «Me parece bien, Sally. De hecho, te compré para darte tu libertad. Haz lo que gustes». Los ojos de Sally se desorbitaron, ¡era libre! «Amo, ¿cómo puedo agradecerle?», le preguntó. «Haré lo que me pida, cuando me lo pida y donde me lo pida».

Como Sally, nosotros éramos esclavas del pecado y de Satanás, crueles amos que solo nos maltrataron. Pero cuando Jesús nos rescata, actuamos con tal gratitud que no nos importa seguir como «esclavas» de Aquel que nos compró. ¿Por qué? Porque jamás podremos pagar nuestra deuda de amor, y porque sabemos que tenemos un Amo que solo nos dará bien y no mal. ¿Quién es tu amo?

❧

Libre, salvo, en los brazos de mi Salvador.

P. GRADO

VIVO PARA CRISTO

1 Corintios 6:20

Porque habéis sido comprados por precio; glorificad, pues, a Dios en vuestro cuerpo y en vuestro espíritu, los cuales son de Dios.
—RVR 1960

Hay algo más en la vida que tener éxito, y es que nuestra existencia tenga sentido. Esto es algo que a muchos les quedó claro al enterarse con tristeza del suicidio del muy querido y carismático actor, Robin Williams, el 14 de agosto de 2014. El éxito conseguido con películas como *Jumanji* o *Hook* no fue suficiente para que Williams encontrara una razón para seguir viviendo. Víctima de la depresión y las adicciones, la vida carecía de significado para él.

Dios decidió crear al hombre y a la mujer para amarlos y tener una relación de amistad con ellos. La Biblia dice que nos creó para Su gloria. Cuando nosotros decidimos aceptar Su amor y el regalo de Su salvación, nuestra vida adquiere significado y propósito. No hay otra cosa en la vida que pueda darnos la paz y el gozo que da el tener una amistad con Jesús, obedecer Su Palabra y servirle con todo el corazón, mente y cuerpo.

Pascal dijo que existe un vacío en el corazón del hombre que tiene la forma de Dios y que solo Él puede llenar. No intentes hacerlo con el amor de una pareja, con posesiones materiales o éxito profesional. Ese lugar solo le corresponde a Aquel que dio Su vida para que la tuya fuera abundante, útil y feliz.

Espera grandes cosas de Dios. Emprende grandes cosas para Dios.

WILLIAM CAREY

SOY AMADA

Colosenses 3:12

*Por lo tanto, como escogidos de
Dios, santos y amados, revístanse
de entrañable misericordia ...*
—RVC

Numerosas encuestas lo confirman: lo que las mujeres más necesitamos es sentirnos amadas. Para nosotros, el afecto es primordial, y quizá por eso cometemos muchas tonterías. Deseamos tanto ser «especiales» para alguien, que algunas chicas tienen novio sin realmente quererlo.

Muchas caen en la histeria antes del 14 de febrero, y aun cuando son demasiado jóvenes, tratan de buscar quién les regale flores o chocolates. En realidad, existe ese vacío que pensamos llenar con una pareja.

Pero puedes preguntar a muchas mujeres casadas que encontraron a su «príncipe azul», y te dirán lo mismo: el amor de un hombre es maravilloso, pero no es suficiente para hacernos plenas. Sin embargo, como leímos en el versículo de Colosenses, las hijas de Dios somos amadas y eso nos completa.

Dios nos ama. Y quizá, en ocasiones, esto no parece lo más maravilloso cuando ves a tus amigas con pareja, o cuando el chico que te agrada no te hace caso, o cuando has discutido con tu novio, o cuando eres recién casada y descubres que el romance ha durado poco. Pero el amor de Dios es suficiente para todo, pues su amor nos ayuda a amar, su amor nos da perspectiva y su amor nos satisface. Eres amada incondicionalmente por el Salvador. Eres amada. Repítelo muchas veces en este día porque es verdad.

❧

Nos hiciste, Señor, para ti, y nuestro corazón andará siempre inquieto mientras no descanse en ti.

AGUSTÍN DE HIPONA

CRUCIFICADA Y RESUCITADA

Gálatas 2:20

*Mi antiguo yo ha sido crucificado
con Cristo. Ya no vivo yo, sino que
Cristo vive en mí.* —NTV

En la iglesia de una población de la sierra de Puebla, un artista creó una imagen de Cristo en un cubo de cristal, con los puños levantados, como queriendo escapar. Una amiga artista escribió un cuento donde misteriosamente desaparece la figura del cubo y aparece el Jesús real comiendo y conviviendo en los hogares de la comunidad.

La muerte de Jesús es esencial para el cristiano, puesto que nos identificamos con Él cuando Pablo dice que nuestro «viejo yo» fue crucificado y sepultado con Cristo. Pero no olvidemos que en Él también fuimos resucitados.

A los pies de tu maestra de escuela dominical aprendiste que «Cristo murió y resucitó por nosotros», pero es impactante que este pasaje subraya el hecho de que Jesús muriera «por mí», no solo por «nosotros» o por la humanidad.

La cruz está vacía, y el que la ocupaba resucitó de la muerte. Tu «yo» egoísta también está crucificado y ahora vive Cristo en ti. No dejes que esa «muerta» trate de revivir; recuerda que ya no tiene poder sobre ti. Que el gozo que expresó Pablo se refleje en tus facciones y en tu diario caminar. Ya no vives tú, sino Cristo en ti.

❧

Así que morí a la ley a fin de vivir para Dios.

PABLO

MI HERENCIA

Gálatas 4:7

... ya no eres esclavo, sino hijo; y, como eres hijo, Dios te ha hecho también heredero. —NVI

Jerry tuvo una infancia dolorosa. Su madre murió cuando era pequeño, y fue a vivir con quien aparentemente era su progenitor. Era maltratado y, tras una discusión, Jerry supo que ese hombre no era su padre. Rodando de casa en casa terminó viviendo en la calle, pero quería saber quién lo había engendrado. Reuniendo pistas, llegó a la empresa donde trabajó su madre veintiocho años atrás.

El dueño había sido Alfred Winkler, quien murió sin herederos. Por coincidencia, su segundo nombre era Alfred. Los abogados de la compañía tomaron el caso de Jerry y, haciéndose la prueba de ADN, resultó que era hijo del difunto millonario. De un día para otro, la vida de Jerry cambió. Finalmente sabía quién era su padre, y él era su heredero.

¿Por qué ese magnate nunca reconoció a su hijo? No sabemos, pero parece que esta historia se contrapone a la nuestra: Dios nos ha reconocido como hijas y herederas. ¿Herederas de qué? ¡De Él mismo! Teniéndolo a Él, tenemos todo: amor, cuidado, cosas materiales… todo.

¿Vives como pobre, tal como Jerry vivía antes de saber su procedencia? ¿O buscas el rostro de Jesús, nuestra herencia, cada día?

Señor, solo tú eres mi herencia, tú proteges todo lo que me pertenece.

DAVID

HECHAS CON PROPÓSITO

Efesios 2:10

Pues somos la obra maestra de Dios. Él nos creó de nuevo en Cristo Jesús, a fin de que hagamos las cosas buenas que preparó para nosotros tiempo atrás. —NTV

Shay Aaron, es el creador de increíbles esculturas gastronómicas en miniatura. Si entras a su página en Facebook podrás observar pasteles, sushi, *muffins* y un platón de bocadillos hechos con arcilla, cerámica, resina y plástico que parecen tan reales que se antojan. Lo más increíble es que están en una escala de 1:12 y caben en la punta de un dedo.

Así imagino a Dios cuando nos creó: Él, grande y temible, haciendo pequeños seres humanos. Pero Su obra maestra se efectúa en el corazón cuando nos da vida por medio de Jesús. Él nos hace nuevas criaturas. Aún más, nos hace con un propósito: hacer cosas buenas.

Cada día nos enfrentamos a pruebas y dificultades. La vida no es fácil. Pero todo adquiere perspectiva cuando recordamos que fuimos hechas por Dios con un objetivo: darle la gloria a Él.

Esas pequeñas miniaturas dan honra a Shay Aaron, su creador. Quizá pensamos que no sirven para «mucho», pero para Shay Aaron son una fuente de alegría. Tú y yo reflejamos al Creador por excelencia. Da la gloria a Dios y deja que te use para esas buenas obras que preparó desde hace mucho tiempo.

⁂

Grandes y maravillosas son tus obras.

DAVID

UN MUNDO IDEAL

Filipenses 3:20

*Mas nuestra ciudadanía está
en los cielos, de donde también
esperamos al Salvador, al Señor
Jesucristo.* —RVR 1960

.S. Lewis imaginó un fantástico lugar llamado Narnia. Aslan, el león, es la figura del bien en aquel lugar, y la Bruja Blanca, simboliza el mal. James Matthew Barrie creó Peter Pan en «La tierra del nunca jamás». Campanita lo ayuda, y el capitán Garfio lo persigue. Walt Disney pensó en un mundo donde la fantasía se hiciera realidad, entonces creó Disneyland, donde están Mickey Mouse y Maléfica.

Se trate de la realidad o de la fantasía, el bien y el mal siempre están presentes. La humanidad ha anhelado vivir en un lugar donde no exista la oscuridad y el dolor. Es reconfortante saber que

Jesús dijo que iba a preparar un lugar así para nosotros en el cielo.

La Biblia describe ese lugar donde no habrá llanto ni tristeza. Tiene calles de oro y no hay necesidad de una lumbrera porque la gloria de Dios lo ilumina todo. Ese lugar es nuestro hogar, una ciudad de la que somos ciudadanos. Es el sitio al que tú perteneces.

No te preocupes si en ocasiones no te sientes a gusto en esta tierra. Es natural. Está bien si te incomoda escuchar groserías y malas conversaciones. No trates de esforzarte en parecer cómoda en un ambiente bullicioso donde reina el tabaco y el alcohol. Estamos en el mundo, pero no somos del mundo. Somos extranjeras aquí.

Si tengo deseos que nada en este mundo pueden satisfacer, la explicación más probable es que fui creado para otro mundo.

C.S. LEWIS

¿EN QUÉ EQUIPO ESTÁS?

Efesios 4:24

*Pónganse la nueva naturaleza,
creada para ser a la semejanza
de Dios, quien es verdaderamente
justo y santo. —NTV*

Aún me acuerdo cuando las chicas del colegio elegían quién formaría parte del equipo de voleibol. Yo sufría, pues no era muy buena para dicho deporte. Sin embargo, cuando alguien me seleccionaba, me sentía especial. No eran mis méritos o mis destrezas las que inclinaban la balanza a mi favor. Podría decirse que era la compasión de mis compañeras la que permitía que fuera parte de algún equipo. Pero ¡qué orgullo portar la camiseta!

La palabra griega «*hagios*», que se traduce como «santo» en la Biblia, significa «elegido por Dios». No podemos presumir de nada porque

Dios nos escoge por gracia, no por nuestros méritos. En realidad, solo Dios es santo en el sentido estricto de que es totalmente puro, pero por Su gran compasión nos llama a la santidad y nos imparte Su naturaleza. ¡Qué privilegio ser parte de su equipo!

¿Traes puesta la camiseta? Dios hará Su trabajo, que es el de formarnos hasta ser semejantes a Jesús. Irá trabajando hasta que seamos como Él, quien es justo y santo. A nosotras nos toca ponernos la camiseta, es decir, ponernos esa nueva naturaleza y dejarnos moldear.

❧

Ponte la camiseta del equipo de Jesús.

EXTRANJERA DE PASO

1 Pedro 2:11

*... les ruego, como a extranjeros de
paso por este mundo, que no den
lugar a los deseos humanos que
luchan contra el alma.*
—DHH

Una vez leí una comparación de la vida con un tren, donde empezamos un viaje por este mundo cuando nacemos y lo terminamos cuando «bajamos» de él al morir. Los que suben a nuestro vagón son quienes impactarán nuestra vida; pero algún día llegarán a su destino y bajarán de nuestro convoy.

Me gusta pensar que la vida en Cristo es como ese viaje en tren. «Subiste» a la vida cristiana cuando el Gran Maquinista te encontró sin rumbo, y te invitó a empezar una emocionante aventura con Él. Adquirirás experiencias y conocerás gente nueva. Quizá algunos de tu vagón rompan tu corazón. Pero el viaje continuará hasta el destino final donde tu Amado ha preparado una gran fiesta de bodas.

En tanto, eres una peregrina; una extranjera que, de detenerte en cualquier estación, no tendrás un hogar en ese territorio. No puedes negociar ahí, porque no tienes tiempo. Si te invitan a pecar, no debes aceptar. No te conviene seguir los hábitos del lugar. Tu tren está a punto de partir. Si lo pierdes, tendrás que esperar el próximo, y mientras, serás humillada como inmigrante no deseada. Vive en este mundo como lo que eres, una extranjera que va de paso.

※

Algunos quieren verme ir por el sendero de maldad. ¡Oír, no puedo, su llamar, ¡pues voy a mi celeste hogar!

SÍ CUMPLE

2 Pedro 1:4

*y debido a su gloria y excelencia,
nos ha dado grandes y preciosas
promesas. ... —NTV*

migas que prometieron nunca defraudarnos y que nos abandonaron en un momento de crisis. Papás que juraron premiarnos si lográbamos cierta calificación, pero que a la mera hora no cumplieron. Un príncipe azul que ofreció darnos el cielo y las estrellas, antes de dejarnos tiradas en el pantano. Con tantas promesas incumplidas, la desconfianza crece de día en día en este mundo cínico y descorazonador.

Los israelitas prometieron en numerosas ocasiones ser siempre fieles al Señor y vez tras vez fallaron. El apóstol Pedro juró lo mismo, y se sintió profundamente herido cuando su maestro profetizó que antes de que el gallo cantara tres veces, rompería con lo dicho. ¿Y nuestro Dios? Cientos de profecías se han hecho verdad y jamás ha prometido algo que resulte falso. Confiamos que otras se harán realidad algún día, sobre todo las que describen su venida y nuestra futura vida con Él.

Los seres humanos pueden ser muy sinceros cuando indican que te serán siempre fieles, pero en su debilidad tienden a fallar. Pero tu mejor amigo Jesús ha dicho que nunca te abandonará (Hebreos 13:5), y puedes estar cien por ciento segura de que ¡es verdad! Ya has recibido muchas «grandes y preciosas promesas» de Dios; confía que no quedarán en meras palabras.

Una promesa es una letra de cambio que giramos contra nuestro porvenir.

CHRISTIAN FRIEDRICH HEBBEL

TRANSFORMADA

1 Juan 3:2

Queridos hermanos, ¡nosotros ya somos hijos de Dios! Y [...] cuando Jesucristo aparezca otra vez, nos pareceremos a él ... —TLA

Hace un tiempo se popularizó entre los jóvenes cristianos el uso de una pulsera con las letras: ¿WWJD? Son las siglas de una frase en inglés, que en español dice: ¿Qué haría Jesús? El objetivo era usar la pulsera como un recordatorio constante de actuar como Jesús lo hubiera hecho en las diferentes circunstancias que la vida nos presenta. Ser como Jesús es la meta máxima a la que podríamos aspirar. Poder actuar como Él nos ahorraría muchos problemas y desilusiones.

Dios nos ha creado a Su imagen y semejanza; pero también tenemos una naturaleza pecaminosa que nos impide ser perfectos. El Señor nos va perfeccionando para Su obra, y algún día la terminará. La Biblia dice que, aunque no sabemos exactamente cómo seremos, podemos estar seguros de que seremos transformados y seremos como Jesús.

Visualiza una imagen mejorada de ti misma. Con trabajo y esmero seguramente puedes hacerla realidad. Estás en un proceso de perfeccionamiento que aún no termina. Es aún más difícil visualizar una imagen perfecta de ti misma. Sin embargo, ocurrirá el día en que te encuentres con Cristo, pues serás transformada. Serás como Él.

El Señor cumplirá Su propósito en mí.

DAVID

PARTE DE UN REBAÑO

Salmos 23:1

*El Señor es mi pastor; tengo todo lo
que necesito.* —NTV

Si fueras un animal, ¿cuál elegirías? He oído muchas respuestas: delfín, mariposa, tigre, incluso araña, pero difícilmente escucho la palabra: oveja. Sin embargo, Dios usó a dicho animal para hablar de nosotros, Su rebaño.

A diferencia de otros animales que tienen garras o filosos dientes, púas o veneno, o que pueden mimetizarse con el ambiente y esconderse de sus depredadores, las ovejas requieren de un pastor que las alimente, cuide y defienda.

Los seres humanos somos frágiles. Necesitamos de un pastor, y Jesús quiere serlo, si se lo permitimos. Él es un Pastor que ya dio Su vida por nosotros, y que promete que nada nos arrebatará de Su mano. Aún más, este Pastor nos ha dado todo lo que necesitamos.

¿Todo? ¿Y qué de las muchas cosas que aún anhelamos, desde un auto hasta un novio? Podemos decir con confianza que en Él tenemos todo lo que necesitamos. Al ir conociendo más a tu Pastor, comprenderás que no hace falta más que Su presencia para transitar por este sendero llamado vida, y que Él te guiará a los mejores pastos. Confía en Él, y Él hará.

❧

Ya que mi Pastor es Cristo, tengo todo lo que necesito.

VOLAR COMO EL ÁGUILA

Isaías 40:31

*En cambio, los que confían en el
Señor encontrarán nuevas fuerzas;
volarán alto, como con alas de
águila. —NTV*

¿*H*as visto las águilas volar? Pareciera que no tienen problema alguno y que no se cansan. Pero la realidad es que también pasan hambre y deben huir de sus depredadores. Sin embargo, Isaías 40 nos recuerda que nadie se compara a Dios. El Creador de toda la tierra nunca se debilita ni se cansa.

Israel, en el pasaje que mencionamos, se quejaba: «Dios se ha olvidado de mí. No le importa lo que me pasa». ¿Te has sentido así? ¿Te has dejado dominar por este cansancio emocional? Isaías dice: «¿Qué no has entendido, Israel? Dios no viene y va. ¡Es eterno! Y sabe todo de todo. Así que te puede dar fortaleza. Sí, aun los jóvenes se cansan, pero si confías en Dios no te fatigarás».

Estamos hablando de ese cansancio espiritual que viene cuando no vemos las promesas de Dios cumplidas, o cuando parece que todo va mal. Pero aquellos que hemos confiado en Cristo podemos volar alto como las águilas, porque no se trata de nuestras fuerzas, sino de las del Todopoderoso.

Sus promesas son el aire que nos ayuda a vencer el viento. Su Palabra es suficiente para sostenernos, aunque por dentro creamos desmayar. ¿Cansada de esperar eso por lo que tanto oras? No te desanimes. Confía en Dios y surcarás los cielos de la fe como un águila.

Correrán y no se fatigarán.

ISAÍAS

¿TIENES SED?

Salmos 42:1

Como el ciervo brama por las corrientes de las aguas, así clama por ti, oh Dios, el alma mía. —RVR 1960

Qué animal tan impresionante es el ciervo, especialmente el macho con su gran cornamenta. Al caminar lo hace con elegancia principesca e incluso, cuando se agacha a tomar agua, pareciera que está haciendo una reverencia.

Siempre pensé que cuando este salmo alude a que el ciervo brama por agua, era porque estaba sediento. El estudiar el comportamiento de este animalito, nos dice mucho más. Durante la época de celo, los machos buscan a las hembras en los arroyos donde ellas beben agua. Delimitan su territorio con su orín y emiten un sonido gutural llamado *berreo* que utilizan con diferentes propósitos.

El ciervo berrea para llamar la atención de las hembras y conformar su harem. Berrea para alejar a los contrincantes. Si el rival no hace caso de su berreo y no quiere salir del territorio delimitado, se entabla una lucha de cornamentas. El vencedor berreará proclamando su triunfo.

El escritor de este salmo conocía bien la conducta de los ciervos y la compara con nuestro deseo de Dios. Un ciervo berrea para encontrar a sus hembras, para defender su dominio, para proclamar su victoria. ¿Nuestro deseo de Dios es mayor que el de encontrar a una pareja, o el de proteger nuestras posesiones, o el de obtener éxitos? ¿«Berrea» tu alma por tener un encuentro con tu Dios?

❖

Mi alma tiene sed de ti, Dios de la vida:

¿cuándo vendré a presentarme ante ti,

mi Dios?

DAVID

ENTRE ESTRELLAS

Salmos 147:4

Él cuenta el número de las estrellas; a todas ellas llama por sus nombres. —RVR 1960

Antiguamente se pensaba que en el firmamento había más estrellas que los granos de arena de todas las playas de nuestro planeta. Se calculaban 100 000 trillones de estrellas en el universo, pero según una investigación reciente, las estrellas pequeñas y tenues, conocidas como «enanas rojas», son mucho más prolíficas de lo que se pensaba, lo que triplicó el número de estrellas totales a 300 000 trillones.

Para obtener la cifra, los científicos aplican un sistema de medición parecido al que se usa para calcular los granos de arena de una playa: cuentan las estrellas de una pequeña zona, en este caso la Vía Láctea, y lo multiplican en función de las dimensiones y del espacio.

Si Dios conoce a cada una de ellas por nombre ¡cuánto más a cada uno de Sus hijos! Al salir a la calle nosotros solo vemos gente, tal vez rostros, pero Dios ve a Pablito, el niño que vende dulces en el crucero, a Samantha subiendo al camión, sintiéndose incomprendida por sus padres. Dios conoce tu nombre. Te conoce a ti y todo lo que te pasa.

Imagina tu nombre susurrado con la voz de Dios. Él lo pronuncia con amor cada día. Responde a Su llamado.

En las palmas de las manos

te tengo esculpida.

DIOS

EL GUSANO ROJO

Salmos 22:6

*En cambio yo, más que hombre
parezco un gusano. Soy la burla de
hombres y mujeres; todo el mundo
me desprecia. —TLA*

¡Cómo debió haberse sentido David cuando escribió esto! Al mismo tiempo, estaba profetizando acerca del sufrimiento de Jesucristo. Jesús citó palabras de este salmo cuando estaba colgado en la cruz al sentirse rechazado por la humanidad.

La palabra hebrea utilizada aquí para gusano es *«tolát»* que significa «gusano rojo». El «coccus ilicis» es un gusano que hay en Israel del cual se obtenía la tintura carmesí. Pareciera que, al ser golpeado, se había desangrado. Por eso el salmista hace referencia a él. Cuando es tiempo de dar a luz a sus hijos, la hembra de este gusano sube a un árbol y allí muere, tal como Cristo, quien voluntariamente dio Su vida por los suyos.

No podemos evitar ser rechazadas, pero podemos decidir no sentirnos como un gusano al que se puede pisar. Jesús nos comprende. Él sabe de qué se trata ser despreciado. No bases tu seguridad en la forma en que otros te valoren.

Necesitamos tener en lo profundo de nuestra alma una identidad que provenga de una fuente que nunca se agote. Jesús es esa fuente. Recuerda el precio que Él pagó por tu vida.

❧

Es necesario que se acepten unos a otros tal y como son, así como Cristo los aceptó a ustedes.

PABLO

¿INSIGNIFICANTE?

Mateo 10:31

Así que no tengan miedo; para Dios
ustedes son más valiosos que toda
una bandada de gorriones. —NTV

A veces te sientes insignificante, yo también. Pero en ocasiones esto es más que un pensamiento, es un estado anímico que continúa día tras día. Y en ocasiones, tenemos razones «válidas» para sentirlo: no somos la hija consentida, no cantamos bonito, no brillamos en calificaciones, o tal vez hemos vivido situaciones dolorosas que nos hacen pensar que no valemos nada.

Los gorriones son avecillas que comen grano y otros insectos, y que hacen sus nidos en los tejados. En los días de Jesús, estos pajarillos se vendían por el precio mínimo, menos de un cuarto de dólar. Eran tan insignificantes que, si uno compraba cuatro, se daba uno extra.

Y aun así, de estas poco estimadas avecillas, Jesús dice: «¿Cuánto cuestan dos gorriones: una moneda de cobre? Sin embargo, ni un solo gorrión puede caer a tierra sin que el Padre lo sepa… Así que no tengan miedo; para Dios ustedes son más valiosos que toda una bandada de gorriones».

No importa lo que sientas, la realidad es que eres valiosa para Dios. Dios no se olvida de un solo gorrión. Ninguno cae a tierra sin que Él lo sepa. Y tú eres más importante para Él que una avecilla. Él tiene contados tus cabellos y te quiere abrazar. Ven a Él hoy en oración y deja que te susurre lo mucho que te quiere.

Eres preciada para Dios.

UN OCÉANO DE AMOR

Miqueas 7:19

... sepultará nuestras iniquidades, y echará en lo profundo del mar todos nuestros pecados. —RVR 1960

¿*E*n dónde pasaste tus mejores vacaciones? Sin duda para muchas fue en alguna playa. Aparte del sol y la arena, algo tiene el mar que fascina a la gente: el ritmo tranquilizante de sus olas, sus colores cambiantes, y sobre todo, su extensión tan vasta. Al saber que su profundidad alcanza hasta los 11 kilómetros, podemos ver el mar como un reflejo terrenal del poder y la inmensidad de Dios y Su amor.

Miqueas compara el perdón del Señor Dios con echar nuestros pecados en el fondo del mar. A varios kilómetros debajo de las aguas y con toneladas de presión, ¡difícilmente puede salir algo a la vista otra vez! Aunque tal vez después de ver la película *Titanic*, creas que aún puede aparecer un anillo después de décadas. Pero esta no es la idea que nos comunica Dios.

La holandesa Corrie Ten Boom, que vivió en los campamentos de concentración en la Segunda Guerra Mundial, recalca que cuando Dios arroja nuestras iniquidades en las profundidades, es como si pusiera allí un letrero: ¡Prohibido pescar!

Si estás tentada a repasar tus errores del pasado y sentirte todavía culpable, ¡recuerda dónde están y no olvides el letrero! No dejes que Satanás te asedie con lo que el Señor ha declarado: «desaparecido para siempre».

Espero que puedan comprender, como corresponde a todo el pueblo de Dios, cuán ancho, cuán largo, cuán alto y cuán profundo es su amor.

PABLO

UN DIOS MATERNAL

Mateo 23:37

¡Oh Jerusalén, Jerusalén! [...] Cuántas veces quise juntar a tus hijos como la gallina protege a sus pollitos debajo de sus alas, pero no me dejaste. —NTV

Durante un temblor en Murcia, España, una madre joven logró salvar la vida de sus dos hijos cubriéndolos con su cuerpo, aunque ella murió bajo escombros. Otra mamá, norteamericana, quedó parapléjica porque con su cuerpo bloqueó su coche sin el freno puesto cuando iba a despeñarse con sus hijas dentro. Antes niñas, ahora las jóvenes han hecho un video alabando a su mamá por ser tan valiente al haber arriesgado la vida.

La imagen más común de Dios es como padre fuerte; pero en el lamento de Jesús tenemos una imagen muy maternal y vulnerable de protección. La madre gallina no ataca; abre sus alas y espera que sus polluelos corran a refugiarse de alguna zorra o algún halcón. Pero ellos tienen libre albedrío y pueden declarar su independencia y quedarse expuestos al peligro.

Jehová había querido muchas veces que Israel acudiera a la sombra de Sus alas, y se había resistido. Al final, Jesucristo mismo fue nuestro escudo contra Satanás al cubrirnos y recibir Él mismo las flechas de la muerte.

¿Perdida o atacada? Acude a refugiarte bajo las alas del Señor. Si ya comprendes ese amor protector, compártelo con tus amistades que siguen viendo a Dios como distante o vengador.

Dios te llama por nombre y ha dado Su todo por ti.

TU GUARDAESPALDAS

Salmos 125:2

*Como Jerusalén tiene montes
alrededor de ella, así Jehová está
alrededor de su pueblo. Desde
ahora y para siempre.*
—RVR 1960

L a ciudad de Jerusalén, cercada por montes, era una fortaleza casi imposible de ser invadida por los enemigos. Al norte está el Monte Scoopus, al este, el Monte de los Olivos, al sur está el monte del Mal consejo y al noroeste el Mashpa. Muchas otras colinas han servido como protección a la ciudad.

Una de las interpretaciones del nombre hebreo de la ciudad «Yerushalaim» considera que este procede de las palabras hebreas «yeru» que significa «casa», y «shalem» o «shalom», que significa «paz», por lo que significaría literalmente «casa de la paz». La apariencia inquebrantable de estos montes era un recordatorio de la protección permanente de Dios hacia la ciudad, y sus habitantes podían morar en paz.

En la actualidad, en muchas partes del mundo han proliferado los fraccionamientos cerrados que ofrecen mayor seguridad a sus habitantes que desean ser protegidos de la delincuencia. Cada día es mayor el número de personas que contratan seguridad privada cuando tienen los recursos para hacerlo. Buscan vivir en paz.

Tú tienes un guardaespaldas personal. Dios te tiene rodeada con Su protección y Su cuidado. Él te cubre con Sus alas como la gallina a sus polluelos. No solo hoy… siempre. Puedes vivir en paz.

❧

No temas, porque yo estoy contigo.

DIOS

TAN CIERTO COMO EL ARCOÍRIS

Génesis 9:13

He puesto mi arco iris en las nubes.
Esa es la señal de mi pacto con
ustedes y con toda la tierra. —NTV

El arcoíris nos habla de luz, nos muestra los colores, nos recuerda cuentos de niños y leyendas que se han inventado en torno a él, pero sobre todo, nos debe hacer pensar en una promesa. Dios hizo el pacto con la humanidad de no volver a destruir al hombre ni a la Tierra con agua.

Muchos, muchos años después, aun cuando hay huracanes, tsunamis e inundaciones, el mundo no ha sufrido una destrucción masiva por medio del agua. Dios ha sido fiel.

Si ha cumplido ese pacto, por supuesto que lo hará en muchos otros que ha convenido con la humanidad, con la familia de Abraham, pero sobre todo, con los que hemos creído en Su Hijo Jesús como Salvador de nuestras almas.

¿Qué promesa necesitas hoy? «No te dejaré, ni te desampararé»; «aun cuando yo ande en el valle más oscuro, no temeré, pues tú estás a mi lado»; «el que cree en mí no perecerá jamás»; «nadie las arrebatará de la mano de mi Padre». Aférrate con confianza a la promesa bíblica que hoy venga a tu mente en el momento de necesidad, pues Dios es fiel. Nunca ha fallado, ni lo hará. Para muestra, un arcoíris.

Dios es fiel a Sus promesas.

VIVIR EN LA ROCA

Proverbios 30:26

*Los conejos, pueblo nada
esforzado, y ponen su casa
en la piedra.*
—RVR 1960

*N*os encanta que Dios nos dé «fuerzas de águila» y otras características de animales conocidos por su fuerza o majestuosidad. Pero este versículo nos pone como ejemplo al humilde conejo o tejón, según la traducción. Son «animalitos de poca monta», mas «construyen su casa entre las rocas».

Los tejones son pequeños, sin garras y tienen dientes débiles. Tienen pocas maneras naturales de defenderse. Sin embargo, se han descrito como sumamente sabios porque viven en compañía bajo o entre las piedras, lo cual les da gran seguridad. Si se acerca un enemigo, tienen centinelas que con un chirrido avisan y los demás corren a sus madrigueras.

Se parecen a los cristianos que somos débiles y a solas no podemos llevar una vida pura, resistir las pruebas o protegernos del pecado. Pero nos podemos defender «viviendo en la Roca», en Cristo que es la roca de la salvación (Deut. 32:15), la Roca que es más alta que nosotros (Sal. 61:2). En 1 Corintios 10:4 aprendemos que la roca de la que bebieron agua los israelitas en el desierto representaba a Cristo.

Por indefensa que te sientas, en la Roca encontrarás fortaleza. Por otro lado, así como los tejones se fortalecen en su comunidad, tu familia cristiana es otro factor de protección que te puede advertir: «¡Cuidado! ¡Alerta!» cuando hay peligros a tu alrededor.

El débil dirá fuerte soy,

con poder del Señor.

MICHAEL LEDNER

MI ABOGADO

1 Juan 2:1

*... pero si alguno peca, tenemos
un abogado que defiende nuestro
caso ante el Padre.
Es Jesucristo, el que es verdaderamente justo. —NTV*

Zoila encubría un terrible secreto, era algo tan horrible que no se atrevía a contarlo. Cuando escuchó de Jesús, puso su fe en Cristo y su vida cambió. Sin embargo, la culpa la atormentaba cada vez que veía un bebé. Zoila se había hecho un aborto. No concebía que Dios la perdonara.

Por fin un día abrió su corazón y se lo contó a una amiga cristiana. Ella la guió a 1 Juan 2:1. Le dijo: «Cristo es tu abogado defensor. Él ya pagó por tus pecados, todos ellos, y ahora puedes presentarte delante de Dios sin culpa alguna».

«¿Pero mi conciencia?», le preguntó Zoila. Su amiga le hizo leer la misma epístola, en el capítulo 3, versos 19 y 20. «Nuestras acciones demostrarán que pertenecemos a la verdad, entonces estaremos confiados cuando estemos delante de Dios. Aun si nos sentimos culpables, Dios es superior a nuestros sentimientos y él lo sabe todo».

Quizá tú también cargas un pecado a cuestas. O tal vez has cometido algo terrible ya siendo creyente. No importa lo que hagas, tu Abogado te defiende. Solo basta que le creas. «Queridos amigos, si nos sentimos culpables, podemos acercarnos a Dios con plena confianza» (1 Juan 3:21). ¡Gracias a Dios por nuestro Abogado!

⤙⤚

¿Quién nos condenará? Nadie. Porque

Cristo murió por nosotros.

PABLO

EL PAN QUE SACIA

Juan 6:48

Yo soy el pan que da vida. —DHH

Uno de los ingredientes básicos en la alimentación mundial es el pan. Tiene formas diferentes de acuerdo a cada necesidad. Puede ser una hamburguesa o un *hot dog* en Nueva York, una baguette o un *croissaint* en Francia, el *döner kebab* en Alemania, la *focattia* en Italia o una *hojaldra* en México.

El pan se adapta para satisfacer las diferentes necesidades diarias de cada persona en particular. Así es Jesús. El pan es para el hambre lo que Jesús es para el alma. Jesús dijo: «Yo soy el pan de vida». Él puede satisfacer lo que requiere cada persona. Es consuelo para el que sufre, compañía para el solitario, ayuda al enfermo y también al sano. Puede saciar el hambre de amor y nutre con fuerzas y esperanza a quien no tiene ninguna.

Jesús es capaz de satisfacer cualquier necesidad que tengas. En Él puedes estar completa. Pero, así como el pan se come todos los días, también a Él hay que invitarlo a la mesa todos los días. Jesús nos sustenta a través de la oración y nos nutre por medio de su Palabra.

No solo de pan vivirá el hombre,

sino también de toda palabra que salga de

los labios de Dios.

JESUCRISTO

EL DIOS FUERTE

Isaías 9:6

Porque un niño nos es nacido, hijo
nos es dado, y el principado sobre
su hombro; y se llamará su nombre
Admirable, Consejero, Dios Fuerte...
—RVR 1960

uando era adolescente, personas de otra secta casi me convencieron de que el Señor Jesús no era Dios. Fue un tiempo difícil porque estaba confundida. Así que pedí en oración que Dios mismo me enseñara la verdad. ¡Y el Señor contestó!

Abría mi Biblia y encontraba versículos tanto en el Antiguo Testamento como en el Nuevo, que se referían a Jesús como Dios. El versículo de hoy es uno de ellos. «Dios fuerte» puede traducirse como «Dios poderoso» o «Dios invencible». Hermoso, ¿verdad?

Tiempo después, hablando con un joven judío, nos acusó de politeístas. «Eso no es cierto», le dije. Pero aseguraba que sí porque creemos que Jesús es Dios. Repuse que yo creía lo que las Escrituras hebreas decían sobre el Mesías, y mencioné este versículo. No quiso aceptar mi traducción española y sacó su Tanaj (Antiguo Testamento) y leyó en hebreo. Mientras leía, su cara cambiaba asombrada. «¡No puede ser!», replicó. Volvió a leer y mirándome, dijo: «Tengo que preguntárselo al rabino».

«¿Por qué al rabino si el Tanaj es muy claro?», le dije. Su contestación fue: «Porque las cosas difíciles las debemos consultar con los sabios». Espero que el Espíritu Santo haya iluminado su corazón, pues el Señor Jesús es Dios porque la Biblia lo enseña. Nunca lo dudes.

❧

Cristo, el cual es Dios sobre todas las cosas,

bendito por los siglos.

PABLO

UN DIOS CERCANO

Colosenses 1:16

*... todo fue creado por medio de él
y para él.* —RVR 1960

Imagina que un virus entra en tu computadora y tienes problemas con *Microsoft*. Mandas un correo al responsable y dos días después, a la puerta de tu casa está Bill Gates, el fundador y creador de la empresa, para arreglar el asunto. ¿Imposible? Probablemente.

La Biblia nos dice que Dios, en Sus tres personas, creó el mundo, por eso Génesis 1 usa el plural: «Hagamos a los seres humanos a nuestra imagen». Pero Dios no es un Creador que está lejos como Bill Gates, que se encuentra en su casa de Seattle mientras que millones de personas usamos sus productos alrededor del mundo.

Cuando el virus del pecado entró al mundo y echó a perder el *hardware*, el *software* y todo lo creado, Dios no mandó a Sus especialistas, sino que por medio de Jesús se hizo carne y habitó entre nosotros. El Creador se hizo como una de Sus criaturas para tomar nuestro lugar y rescatarnos del pecado.

Si crees que Dios está lejos de ti, entonces no has creído en el Dios de la Biblia. El Dios que allí se revela es un Dios personal, cercano y accesible. Si ya eres su hija, ¡está en ti! Si aún no has creído en Él, ¿qué esperas? El Creador está a la puerta de tu casa. ¿Le dejarás entrar?

❧

¡Mira! Yo estoy a la puerta y llamo.

JESÚS

CONSEJERO ADMIRABLE

Isaías 9:6

... y se le darán estos nombres:
Consejero admirable, Dios invenci-
ble, Padre eterno, Príncipe de paz.
—TLA

¿Tenis o botas? ¿Ensalada o pani-
no? ¿Bruno Mars o Katty Perry?
Decisiones. Cada día tomamos miles de ellas.
Algunas serán más difíciles que solo elegir cómo
vestirnos, qué desayunar o qué música escuchar.
Tres de estas decisiones serán trascendentales en
tu vida.

La más importante es decidir si aceptas o re-
chazas a Jesús como Salvador y Señor de tu vida.
También deberás elegir tu carrera y tu pareja. Elegir bien es lo que hace la diferencia en la vida de
las personas. Buenas decisiones tendrán buenas
consecuencias y malas decisiones traerán malas

consecuencias, lo que afectará o beneficiará de por vida.

Por ello, necesitas un consejero. El mejor de ellos es Jesús. Consejero es uno de Sus nombres. Él fue tentado lo suficiente como para entender lo que ello significa. Fue rechazado lo suficiente como para comprender tus sentimientos y guiarte hacia personas seguras. Te conoce tanto que puede satisfacer todas tus necesidades. Quedarás admirada de Sus consejos y la vida tan exitosa que tendrás si los sigues.

Te haré entender, y te enseñaré el camino en que debes andar; sobre ti fijaré mis ojos.

DIOS

EL CORDERO DE DIOS

Éxodo 12:21

... «Vayan en seguida a sus reba-
ños, escojan el cordero para sus
respectivas familias, y mátenlo para
celebrar la Pascua.
—NVI

¿Te has preguntado por qué la Biblia llama al Señor Jesús «Cordero de Dios»? Cuando los israelitas eran esclavos en Egipto, para que el Faraón los dejara ir, Dios utilizó nueve plagas que afectaron solo a los egipcios y no a los hebreos. Sin embargo, la décima plaga afectaría también a los hebreos si ellos no marcaban con la sangre de un cordero los dinteles de su casa.

Es como si Dios hubiera visto a los hebreos tan malvados como los egipcios, y decidió que solo los que se «cobijaran» bajo esa sangre tendrían a salvo a sus primogénitos. Yo creo que algunos egipcios que temían al Dios de Israel, supieron de esta forma de salvarse y la aprovecharon.

Juan el Bautista llamó al Señor Jesús «el Cordero de Dios que quita el pecado del mundo» (Juan 1:29). ¿Te imaginas? El mismo Dios hecho hombre decidió venir al mundo para ser tratado como el Cordero de la Pascua: tenía que ser sacrificado; su sangre debía ser derramada; los que confiaran en ese sacrificio debían cobijarse bajo su sangre para protegerse de la condenación del infierno.

Todos los que tenemos a Jesús como nuestro Cordero estamos libres de condenación. ¿Has llevado delante de Dios a Jesús como el Cordero que quita tu pecado? ¿Estás cobijada bajo su sangre?

⌖

Y sin derramamiento de sangre

no se hace remisión.

EL ESCRITOR DE HEBREOS

PADRE ETERNO

Isaías 9:6

... y será llamado: [...] Padre Eterno...
—NTV

*M*ientras cuatro chicas realizaban una dinámica para encontrar lo que tenían en común, descubrieron que ninguna tenía un padre. La primera, lo perdió en un accidente a la edad de 10 años. La segunda, jamás conoció a su padre; era hija de una madre soltera. Los padres de la tercera se divorciaron cuando ella iba en Kinder, así que tuvo un padre de fines de semana que con el paso del tiempo desapareció. Y la cuarta, concluyó que, aunque su padre vivía con ella, su relación era más fría que un témpano de hielo.

La figura paterna es vital para el desarrollo. Tristemente, como en el caso de estas cuatro señoritas, muchas crecen sin un padre. Pero la

Biblia está llena de buenas noticias. Y una es esta: Jesús es nuestro Padre Eterno.

Él es el Padre que siempre nos escucha y al que siempre le interesamos, quien siempre está allí para defendernos y guiarnos. Es el Padre que disciplina y que se muestra severo ante nuestro pecado, pero que ama profundamente y perdona sin guardar rencor.

Quizá tú no has tenido la figura de un padre; no te desanimes, en Dios puedes encontrar el abrazo del Padre que todas anhelamos. En este día déjate abrazar por Él. ¿Cómo? Simplemente habla con Él y déjate amar.

Y a pesar de todo, oh Señor,

eres nuestro Padre.

ISAÍAS

OVEJITAS SIN TEMOR

Juan 10:7,9

... yo soy la puerta de las ovejas [...]
los que entren a través de mí serán
salvos. Entrarán y saldrán libremen-
te y encontrarán buenos pastos.
—NTV

En la actualidad hay mucha confusión en cuanto a la espiritualidad, y existen decenas de opciones para «realizarse» o «buscar a Dios». De hecho, se considera aceptable que cada quien crea su propia mezcolanza de creencias. Algunos compañeros te dirán: «Hay muchos caminos a Dios» y creen que todos son válidos. ¿Será? Jesús dijo que Él era la puerta, no una de muchas puertas.

Los judíos se tenían por ovejas de Dios, su rebaño, pero habían sufrido bajo muchos líderes o «pastores» que no obraban con amor.

Curiosamente, Jesús se presenta en Juan 10 no solo como el buen pastor, sino también como puerta del redil. No solo cuida de las ovejas con ternura; es también la puerta que los protege de las inclemencias del tiempo y de depredadores peligrosos. Esa misma puerta se les abre para que salgan a pastar en «delicados pastos» de día. Se dice que en ocasiones el pastor montaba guardia en la entrada y ¡él mismo era la puerta!

La frase «serán salvos» del pasaje, también significa «tendrán seguridad». ¿Te sientes segura con Jesús? Si has entrado a su redil eterno, Él promete su protección, cuidado y alimentación. ¿Crees que las ovejas tendrían temor en esa situación? Lo dudo. Descansa sabiendo que Cristo es la puerta y también el Buen Pastor.

Jesucristo es la puerta que se abre de par en par cuando buscas estar a salvo.

NO CREAS TODO LO QUE TE DIGAN

Juan 14:6

Jesús le dijo: Yo soy el camino, y la
verdad y la vida ...—RVR 1960

*L*os gnomos le decían a la hermosa prin-
cesita: «Eres una de nosotros… Tú no
eres princesa… Te dejamos en este castillo cuando eras una bebé». La princesa les creyó. Se mi-
raba en el espejo cada día más parecida a un horrible gnomo. Ella no sabía que esos seres habían
hechizado su espejo. Un día el hechizo se rompió,
y la princesa pudo darse cuenta de su belleza y de
quién era en realidad.

Así como la princesa del cuento, empezamos a
creer mentiras: «No eres lo suficientemente buena…
No eres tan inteligente… No vas a poder… No eres
tan bonita». Los «gnomos» de nuestra vida pueden
ser los mensajes erróneos de la sociedad, las palabras
de otros, o nuestra misma mente que nos traiciona.

Necesitamos aferrarnos a una fuente confiable para conocer nuestra identidad. Jesús es esa fuente que no nos mentirá. Él es la verdad.

Puedes creer que, como hija del Rey, eres una obra formidable y maravillosa; amada, aceptada, dotada con los dones y habilidades que necesitas para cumplir el propósito para el cual Dios te creó. La Palabra de Dios es el único espejo confiable que te dirá la verdad. Mírate en ella todos los días.

Solo la verdad os hará libres.

JESUCRISTO

VIENEN TIEMPOS DE JUSTICIA

Salmos 7:11

*Dios es juez justo, y un Dios que se
indigna cada día contra el impío.*
—LBLA

¡Justicia! ¡Justicia!». Es el grito que se oye, mientras escribo, en las calles de México. La desaparición de cuarenta y tres estudiantes de Ayotzinapa, la noche del 26 de septiembre de 2014 en la ciudad de Iguala, a manos del gobierno, exige justicia. Todo México está indignado.

Pero este no es un caso único. Alrededor del mundo hay incontables muestras de injusticia: niños muriendo de hambre cuando otros acumulan riquezas incalculables; mujeres y niños robados de sus hogares son explotados sexualmente. Muchos cristianos son despojados, perseguidos y asesinados. En el mundo musulmán, las mujeres viven en terror continuo, sin derechos ni protección. Personas que han sido víctimas de maldad acuden a los tribunales buscando justicia, pero encuentran jueces comprados y corruptos. ¡Vivimos tiempos de injusticia!

La buena noticia es que Dios es un Juez justo y hace justicia perfecta. En la Biblia tenemos una promesa: «Así como de la tierra brotan las semillas, y en el jardín nacen las plantas, así Dios hará brotar la justicia y la alabanza entre todas las naciones» (Isaías 61:11). Vienen tiempos cuando el Señor Jesús regresará a la tierra a reinar ¡y hará justicia!

Si has sido víctima de injusticia, pronto verás que el Señor te va a mostrar su justicia.

¿Y acaso Dios no hará justicia a Sus escogidos, que claman a él día y noche? ¿Se tardará en responderles?

JESÚS

RESURRECCIÓN, NO REENCARNACIÓN

Juan 11:25

Jesús le dijo: —Yo soy la resurrección y la vida. El que cree en mí vivirá aun después de haber muerto...
—NTV

*L*os budistas creen que después de esta vida, nuestro espíritu vuelve a ser reencarnado en otro ser, ya sea humano o animal. Se habla del karma, que básicamente trata de que las obras de esta vida tienen consecuencias en la otra. Tal vez parezca algo parecido a lo que enseña la Biblia, pero ¡para nada lo es!

En la reencarnación desaparece la esencia de tu ser, aunque los resultados de tus pecados o tus buenas obras hacen que en la otra vida seas un ser superior o inferior. No existe la gracia para el perdón de los pecados.

Gracias a Dios, ¡tenemos puesta la esperanza en algo mucho mayor a la reencarnación! Jesucristo murió y realmente volvió a la vida con un cuerpo transformado; promete que esa resurrección es nuestra también, si hemos muerto al pecado con Él. Además de esa seguridad para el futuro, sabemos que ya somos criaturas nuevas desde adentro cuando ese poder transforma nuestro ser.

Hoy, si naciste de nuevo, tienes vida nueva en Cristo. Estás libre de la pena del pecado. Un día, tendrás un cuerpo renovado y disfrutarás por siempre la libertad de la presencia del pecado. ¡Todo porque tienes un Salvador vivo y no un líder espiritual que yace todavía en su tumba!

❧

Si no existe la resurrección, ¿de qué sirve nuestra fe?

PABLO

EN MIS ZAPATOS

Mateo 1:23

«¡Miren! ¡La virgen concebirá un niño! Dará a luz un hijo, y lo llamarán Emanuel, que significa "Dios está con nosotros"». —NTV

Cuando el misionero, Bruce Olson, estuvo con los Motilones escuchó la siguiente leyenda. Narraba sobre un hombre Barí que deseaba ayudar a las hormigas a construir una buena casa, pero él era tan grande que las hormigas le temían. Entonces, de manera milagrosa, se transformó en una hormiga para así ayudarlas.

Bruce Olson utilizó esta leyenda para explicar a la tribu indígena sobre la encarnación de Jesús. No bastó con que Dios nos viera desde lo alto y se compadeciera de nosotros. Se hizo como uno de nosotros y caminó el mismo sendero para así salvarnos.

En clase de Psicología aprendí que simpatía significa compadecerse e identificarse con alguien que sufre. La empatía, sin embargo, va un paso más allá. Busca meterse en los zapatos del otro y vivir como el que sufre. Un hombre rico puede sentir simpatía por los pobres y dar dinero. Muy diferente sería que dejara su mansión y viviera en los basureros con ellos para así ayudarles.

Jesús, sin embargo, estuvo en nuestros zapatos. Emanuel, Dios con nosotros te puede comprender y ayudar porque sabe lo que es tener hambre o sed, lo que es ser despreciado e incomprendido. Acude a Él, pues Él está con nosotros, y entiende bien lo que es traer puestos nuestros zapatos.

✧

Dios estuvo con nosotros en toda la peregrinación de nuestra vida.

SPURGEON

UN MAESTRO DIFERENTE

Juan 20:16

—¡María! —dijo Jesús. Ella giró hacia él y exclamó: —¡Raboní! (que en hebreo significa "Maestro"). —NTV

¿*P*uedes pensar en tres buenos maestros que has tenido desde el preescolar? ¿Qué características los hicieron «buenos» en tu mente? ¿Eran pacientes, amorosos, comprensivos, inteligentes o interesantes? Quizá dominaban su materia o te hacían enamorarte de su tema.

En tiempos bíblicos, un maestro era mucho más que un catedrático. Un rabino era más que un hombre con conocimiento. Debía aplicar lo que sabía a su vida diaria. De ese modo, los alumnos —o discípulos— pasaban el mayor tiempo posible alrededor de su maestro. Su objetivo no era pasar una materia o graduarse, sino ser como su maestro.

En la Biblia vemos que los discípulos no pasaron de año por recitar los Diez Mandamientos o hacer una lista con todos los milagros de Jesús. En Hechos recibieron, por así decirlo, su diploma, cuando: «los identificaron como hombres que habían estado con Jesús» (Hechos 4:13). ¿A qué se debió esto? A que hablaban como Él, pensaban como Él y actuaban como Él.

¿Es Jesús tu Maestro? ¿Qué clase de alumna eres? Recuerda que la clave no está en acumular conocimiento, sino en pasar tiempo con tu Raboní. Aparta un tiempo diario para orar, para leer la Biblia, para pensar en Jesús. Deja que Él te vaya moldeando para que otros sepan que tú has estado con Jesús.

❧

Pero ustedes, no permitan que nadie los llame "Rabí", porque tienen un solo maestro y todos ustedes son hermanos por igual.

JESÚS

LA ESTRELLA DE LA MAÑANA

Apocalipsis 22:16

Yo Jesús he enviado mi ángel para
daros testimonio de estas cosas en
las iglesias. Yo soy la raíz... la estre-
lla resplandeciente de la mañana.
—RVR 1960

Recuerdo que de joven un vistazo al cielo nocturno me llenó de un gran anhelo de conocer al Creador de esa belleza. Lo innumerable de las estrellas y planetas, su belleza y la maravilla de su luz que viaja tremendas distancias… todo habla del infinito e inmenso poder de Dios.

Hay una lumbrera que resalta en el cielo matutino cuando las demás se han desvanecido. En realidad, es el planeta Venus, también llamado «el lucero del alba». Es el objeto luminoso más visible después del sol y la luna, y se ve las primeras tres horas después del atardecer y las últimas tres horas antes del amanecer.

Los cristianos somos viajeros, y en la antigüedad estas personas se guiaban por las estrellas de noche. Dice Jesús que Él es esa estrella tan hermosa y brillante que da esperanza porque el amanecer es inminente. Hemos conocido la luz de Su gloria, pero solo en parte; cuando estemos con Él en la eternidad será como el sol mismo, que quitará la oscuridad y el pecado por siempre.

Así como te emociona ese lucero cuando aparece y alumbra el cielo, aunque no haya luna, gózate en Jesucristo, nuestra esperanza de un nuevo día. Recuerda que la estrella de la mañana anuncia la llegada del sol; no dejes que las sombras de las pruebas apaguen su mensaje brillante.

❖

Tendrán la misma autoridad que yo recibí de mi Padre. ¡y también les daré la estrella de la mañana!

JESUCRISTO

EL LEÓN VENCEDOR

Apocalipsis 5:5

... No llores más, que ha salido
vencedor el heredero del trono de
David, a quien se le llama el León
de Judá ... —TLA

slan, que significa León en turco, verdadero personaje principal de las Crónicas de Narnia, «era un león inmenso, peludo y brillante y se mantenía de pie frente al sol naciente». Hijo del Emperador Allende de los Mares, brindaba protección y seguridad a los habitantes de Narnia.

Un día, la Bruja blanca reclama el derecho de la sangre de Edmund como un sacrificio. Aslan se ofrece para que lo ejecuten a él en su lugar. La bruja le clava un cuchillo al buen león, y cuando una víctima inocente es asesinada en lugar de un traidor, la muerte no tendría efecto, así que el león vive.

De esta manera, la obra de C.S. Lewis ilustra la persona y obra de Cristo. También la Biblia se refiere a Él como «León de Judá». Aun cuando en su primera venida fue llevado al matadero como un cordero, en Apocalipsis, cuando se hace referencia a su segunda venida, contrasta su poder, gloria y majestad como un león vencedor.

En Jesucristo puedes encontrar protección y redención. Fundamenta tus esperanzas en quien ha vencido. Puedes sentirte segura. Algún día escucharás tu nombre pronunciado por Sus labios.

¡Él volverá con poder y gran gloria!

EL MEJOR ACUERDO

Hebreos 8:6

*Pero ahora a Jesús [...] se le ha
dado un ministerio que es muy superior al sacerdocio antiguo porque
él es mediador a nuestro favor ...*
—NTV

E nfermo y arrepentido, Javier le confe-
só a Susana que había sido infiel y que
tenía el virus del VIH. Susana, devastada, pensó
que ella también estaba contagiada y que sus hijos
podían estar en peligro. Sometiéndose a exáme-
nes, el resultado fue que ella estaba infectada. Sus
hijos no tenían el virus, aunque el menor, Pedro,
tendría que hacerse otros estudios después de diez
años para corroborar que no tenía la enfermedad.

Furiosa y dolida contra Javier, Susana planeó
abandonarlo. Con lágrimas en los ojos, Sandra y
Pedro mediaron entre sus padres: «No queremos

que se separen. Queremos tenerlos a los dos». Susana amaba a sus hijos, así que, aguantándose su dolor, se reconcilió con Javier.

El versículo de hoy nos dice que el Señor Jesús es el mediador de un mejor pacto o de un mejor acuerdo entre nosotros y Dios. Teníamos un problema con Dios: le habíamos ofendido y, airado con nosotros, exigía justicia. El Señor Jesús, viendo este desacuerdo, y amando a las dos partes, quiso reconciliarlas y propuso un arreglo: Él se ofrecería para recibir el castigo que merecía la parte ofensora (nosotros) y haría justicia a la parte ofendida (Dios).

Medió entre nosotros y Dios. ¡Qué agradecido debe de estar nuestro corazón por tan maravilloso acuerdo! ¿No te parece?

⋇

Pues, hay un Dios y un Mediador que puede reconciliar a la humanidad con Dios, y es el hombre Cristo Jesús.

PABLO

NUESTRO REDENTOR

Isaías 47:4

*Nuestro Redentor, cuyo nombre es
el Señor de los Ejércitos Celestiales, es el Santo de Israel.* —NTV

En la Biblia, redención significa «com-
prar de vuelta» o «sacar a alguien de la
cautividad por medio del pago de un rescate». Por
ejemplo, un esclavo podía comprarse de vuelta al
pagar el equivalente o el precio de un esclavo superior.

En el Antiguo Testamento, Dios aceptó ofrendas simbólicas. Por medio de la vida de un animal,
en especial los corderos, Dios aceptaba este precio
en lugar de la vida del pecador. Sin embargo, estos
sacrificios jamás fueron suficientes, pues el hombre
continuaba pecando. Entonces vino Jesús.

Nuestro Señor vino para pagar el precio de
nuestro rescate. Se ofreció como alguien superior.

Además, sustituyó nuestras vidas pecaminosas por su vida perfecta. De ese modo, nos compró de vuelta para Dios. Su sacrificio ha invalidado los sacrificios de animales, ya que fue tan perfecto que solo se necesitó una vez y para siempre.

Si queremos estar libres de las consecuencias del pecado en nuestras vidas, debemos confiar en la obra de nuestro Redentor. Jesús ya pagó el tremendo precio por nuestras vidas. ¿Has reconocido tu necesidad de redención? ¿Has creído en Cristo como tu Redentor? Entonces, como Job puedes decir: «Pero en cuanto a mí, sé que mi Redentor vive, y un día por fin estará sobre la tierra».

❧

Conocer a Dios sin conocer la propia miseria del hombre, es tan dañino como conocer la miseria sin conocer al Redentor que puede curarle de ella.

BLAISE PASCAL

EL BUEY DE LAS PIRAÑAS

Isaías 53:5

Pero él fue traspasado por nuestras rebeliones y aplastado [...] fue golpeado [...] fue azotado para que pudiéramos ser sanados. —NTV

En la zona del pantanal del estado de Mato Grosso, Brasil, hay muchos ríos que se desbordan en temporada de lluvias. Siendo zona de ganado, es necesario cruzar esos ríos con mucho cuidado, sobre todo porque allí abundan las pirañas, peces pequeños, pero mortíferos.

Los vaqueros colocan un buey río abajo para que las pirañas lo ataquen, y así la sangre sigue por la corriente del río. Se desvía la atención de los peces y pasan los demás animales sin peligro. El buey se sacrifica para salvar a los demás.

¡Qué impresionante metáfora para representar la obra salvadora de Jesús en la cruz! El enemigo de las almas le dio muerte y su sangre fluyó para dejarnos a salvo. Uno murió por muchos, como aun el sumo sacerdote, Caifás, indicó sin saber que eran proféticas sus palabras, de que era mejor que un solo hombre muriera por el pueblo.

¡Que «las pirañas» no te asusten! No tienen poder sobre ti puesto que Dios puso un sustituto en tu lugar. No temas la muerte ni la condenación. Comparte esta verdad con otros, que saben que no merecen que Dios les salve, pero muchas veces no entienden que Jesucristo tomó su lugar al ser crucificado. Esta «parábola moderna» puede servir para que entiendan de otra manera lo que significa la salvación.

❧

Salvación se escribe. . . con sangre.

EL PRIMERO

Colosenses 1:18

*Cristo también es la cabeza de la
iglesia [...] Él es el principio, supremo sobre todos los que se levantan
de los muertos. Así que él es el
primero en todo. —NTV*

El número uno nos encanta. Queremos
el primer lugar de la fila, el primer pre-
mio de la competencia, el primer puesto en el
cuadro de honor, el primer ascenso en la compañía. El número uno nos da la idea de algo primordial, superior, especial, y luchamos por obtenerlo.

Pero vez tras vez nos equivocamos. Un segundo o tercer lugar nos desaniman. Peor aún, frente
al espejo sabemos que detrás del trofeo o el diploma aún hay áreas de nuestra vida que nos aver-
güenzan. En pocas palabras, tenemos un número
uno falso.

Solo hay un número uno verdadero: Cristo. Él es el primero en todo. Es supremo sobre toda criatura. Es el único ser perfecto que puede lograr todo, vencer a todos y estar sobre todo. ¿Y sabes qué es lo más increíble? Que Él dejó ese número uno para venir a esta tierra y morir por nosotras.

Sin embargo, Dios ha declarado que su Hijo es el principal, el primero, el único. Le ha dado el honor que merece y a nosotras solo nos resta inclinarnos ante Él. Cuando reconocemos que a Él le pertenece el primer lugar, ya no importa si somos el dos, el tres o el veinte. Con Cristo en la cabeza, todo se acomoda en su sitio.

Que Cristo ocupe el primer lugar en nuestras vidas.

UN DIAMANTE RARO Y PRECIOSO

Isaías 28:16

*... He aquí, pongo por fundamento
en Sion una piedra, una piedra
probada, angular, preciosa, fundamental, bien colocada.*
—LBLA

una mujer quería deshacerse de peda-
zos de oro que ya no le servían. Llevó un pañuelo con la pedacería a un comprador y
le dijo que le diera lo que quisiera. El comprador,
obviamente, le dio menos del valor real. Cuando
el comprador revisó las piezas, vio una piedra que
pensó era de fantasía. Cuando la examinó, se dio
cuenta que era diferente a las piedras que común-
mente manejaba, así que la llevó con un tasador
profesional. Para su sorpresa, la joya era un diamante muy costoso. La mujer que se deshizo de
ella ni siquiera sabía lo que tenía.

Los diamantes tienen cualidades exclusivas: dureza (considerado el material más duro del planeta); rareza (es difícil encontrarlos en la naturaleza) y belleza o perfección (los de máxima pureza, son los diamantes incoloros y perfectamente transparentes).

Cuando la Biblia nos dice que el Señor Jesús es una piedra preciosa, probada, fundamental y angular, nos está describiendo a un diamante, ¿no lo crees? ¡Ah, pero Él es mucho más precioso que un diamante! Ahora, cada vez que leas tu Biblia y encuentres expresiones como: "El Señor es mi roca", acuérdate que Él no es una roca cualquiera, es un diamante raro y precioso, en donde puedes construir tu fe. No vayas a deshacerte de Él como la mujer de la historia.

❧

El Señor es mi roca, mi baluarte y mi libertador: mi Dios, mi roca en quien me refugio.

DAVID

LA PALABRA

Juan 1:1

En el principio la Palabra ya existía.
La Palabra estaba con Dios, y la
Palabra era Dios. —NTV

¿Cuál es tu materia preferida? Los años escolares son emocionantes, pues vamos adquiriendo nuevos conocimientos y nos perfeccionamos en cierta área. ¿Pero, te imaginas a una persona que sea un experto en todas las áreas y todos los temas?

Los griegos admiraban tanto la sabiduría y la razón que veneraban a Atenea, la diosa de la sabiduría, las artes y la civilización. Esta diosa provenía directamente del dios Zeus, pero no tenía madre. Llegó al mundo ya completa, adulta y sabia en todas las áreas. Pero no se trataba más que de una estatua sin vida, una propuesta de algo que sería ideal.

Cuando el apóstol Juan escribió su Evangelio, apeló a una audiencia universal, y quizá por eso describió a Jesús como el Verbo de Dios. La palabra que usó es el «*Logos*», que denota a una persona, más que a una idea filosófica. En otras palabras, Juan declara que Jesús es la encarnación de la sabiduría, la razón y el conocimiento, pues es Dios mismo.

Para los griegos eso era muy difícil de aceptar. ¿La sabiduría encarnada? ¿Una persona que supiera todo de todo? Aún hoy muchos buscan la razón, pero no están dispuestos a rendirse ante la Palabra de Dios. Que tú y yo, como Juan, veamos su gloria, la gloria del único Hijo del Padre.

❧

La Palabra se hizo hombre y vino a vivir

entre nosotros.

JUAN

SOLECITO PARA EL ALMA

Malaquías 4:2

... para ustedes que temen mi nombre, se levantará el sol de justicia trayendo en sus rayos salud... —NVI

*A*lisson se puso gabardina y botas. Después de varios días lluviosos, tomaría un vuelo para pasar a visitar a sus padres. El avión se mecía por la turbulencia y las nubes podían verse en la ventanilla. El avión se elevó aún más. Inesperadamente apareció el sol radiante, no había más nubes y el vuelo se tornó apacible. Alisson se dio cuenta de que aun cuando el clima en la ciudad había sido tormentoso, el sol siempre había estado ahí.

Algo similar ocurre en nuestro vivir. La vida no siempre es justa. Hay días nublados y turbulentos. Las cosas no salen como lo esperamos. Las personas que se supone debían apoyarnos, no siempre lo hacen. Alguien nos juzgó injustamente. Pareciera que les va mejor a personas que a nuestro parecer no lo merecen.

La buena noticia es que Dios es justo y tiene todo bajo control. Él es el «Sol de Justicia» que con Sus rayos brinda calor a nuestra alma iluminando y trayendo salud a nuestros días nublados. Cuando pases por esos días recuerda que aun cuando no lo ves, Él siempre está ahí y al final Sus rayos de justicia te iluminarán.

El bien siempre triunfa sobre el mal.

EL AUTOR

Hebreos 12:2

*Puestos los ojos en Jesús, el autor y
consumador de la fe ...* —RVR 1960

Me gusta escribir cuentos y novelas. Es apasionante inventar mundos y personajes, darles vida y diálogos, y de algo siempre estoy segura al comenzar un proyecto: cómo va a terminar la historia. El resto lo voy componiendo en la marcha.

Por ello, me apasiona pensar en Jesús como un autor. No solo escribió con su dedo en el suelo, sino que escribe en nuestros corazones. Somos cartas abiertas para los que no creen. Sé que quizá nos gustaría saber qué pasará en los capítulos posteriores al presente, pero debemos confiar en el Autor de nuestra salvación. Y de algo podemos estar seguras, conocemos el final, que es en realidad solo el principio: estar para siempre con Él.

Como escribió C.S. Lewis en su último libro de Narnia: «Este es el final de todas las historias, y podemos decir con toda verdad que ellos vivieron felices para siempre. Pero para ellos era solo el comienzo de la historia real. Toda su vida en este mundo y todas sus aventuras en Narnia habían sido nada más que la tapa y el título: ahora, por fin, estaban comenzando el Capítulo Primero de la Gran Historia, que nadie en la tierra ha leído; que nunca se acaba; en la cual cada capítulo es mejor que el anterior».

La historia de Dios es la mejor de todas. Tú y yo somos parte de ella. ¡Qué privilegio!

CREADA CON UN VALOR INFINITO

Salmos 8:5

*¡Nos creaste casi igual a ti! Nos
trataste como a reyes.*—TLA

*U*n traductor imprime parte de su
personalidad a lo transcrito. Por esa
razón, hay distintas versiones de la Biblia. Me encanta este versículo en esta versión porque está
más de acuerdo con el original en hebreo y con-
cuerda con la historia de Génesis 1:27, cuando nos
dice que Dios nos hizo a imagen y semejanza suya.

Pablo Dunteman, un erudito en el idioma hebreo y obrero entre los judíos, dijo una vez que,
Dios, al crearnos a su imagen y semejanza, con-
firió a los animales reverenciarnos porque ven a
Dios en nosotros. ¡Qué terrible es cuando un ser
humano reverencia a una imagen de yeso, metal
o piedra! Se pone en el lugar de los animales. Esa
es la razón por la que Dios odia la idolatría. Hasta

el diablo mismo sabe que somos especiales y desea destruir la imagen de Dios en nosotros con la baja autoestima.

Si tú piensas que no vales nada, le estás dando la razón al enemigo. Dios nos dice que somos hechura suya, dándonos un valor infinito, a tal grado, que murió en nuestro lugar. Para el Dios del Universo fuimos dignas de rescate y, además, de un trato de reinas. ¿Sigues sintiéndote sin valor? ¿Tomarás tu lugar en la creación como representante de Dios aquí en la Tierra?

Te alabaré, porque asombrosa y maravillosamente he sido hecho: maravillosas son tus obras.

DAVID

MICTAM DE DAVID

Salmos 16:11

... ¡En tu presencia soy muy feliz! ¡A
tu lado soy siempre dichoso! —TLA

El hermoso Salmos 16 es un «mictam». *Mictam*, es un término hebreo que se refiere a un himno o poema que pudo haber sido grabado sobre una tabla. Es un «Salmos de oro», considerado una joya preciosa. He aquí una parte:

«Cuídame, Dios mío, porque en ti busco protección. Yo te he dicho: "Tú eres mi Dios; todo lo bueno que tengo, lo he recibido de ti. Sin ti, no tengo nada. Tú eres mi Dios, eres todo lo que tengo; tú llenas mi vida, me das seguridad. Yo te bendigo por los consejos que me das, tus enseñanzas me guían en las noches más oscuras. Yo siempre te tengo presente; si tú estás a mi lado, nada me hará caer. Por eso estoy muy contento, por eso me siento feliz, por eso vivo confiado. ¡Tú no me dejarás morir ni me abandonarás en el sepulcro, pues soy tu fiel servidor! Tú me enseñaste a vivir como a ti te gusta. ¡En tu presencia soy muy feliz! ¡A tu lado soy siempre dichoso!"». (TLA)

Aprendamos de David a corresponder con hechos y palabras el gran amor que Dios nos ha demostrado. Cuando ores, exprésale tu amor, felicidad y confianza. Haz un recuento de Sus bendiciones. Confirma tu fe y tu decisión firme de seguirle, confiando en nuestra futura resurrección.

Un poema comienza en deleite y termina en sabiduría.

ROBERT FROST

¿REGAÑO A DIOS?

Salmos 22:1

Dios mío, Dios mío, ¿por qué me has abandonado? ¿Por qué estás tan lejos de mi salvación y de las palabras de mi clamor? —LBLA

Me causa extrañeza que al leer la vida del rey David en el Antiguo Testamento, pareciera que las descripciones de este Salmos nunca le sucedieron. Sin embargo, el apóstol Pedro dice en Hechos 2:30 que el rey David era profeta, y viendo antes sucesos en la vida del Mesías, habló de ellos. ¿Sabías que este Salmos 22 tiene diecinueve eventos que sucedieron en la crucifixión del Señor Jesús? Es por eso que a este Salmos se le conoce como mesiánico.

En una sinagoga de Israel, hubo una conferencia para adoctrinar a los judíos en contra de los cristianos y su predicación. Había ahí una mujer que había oído acerca del Mesías, *Yeshua* (nombre hebreo de Jesús). El rabino que daba la conferencia entregaba muchos argumentos en contra del mesianismo de Yeshua, y uno de ellos fue que se había atrevido a «regañar» a Dios cuando estaba en la cruz diciéndole «Dios mío, Dios mío, ¿por qué me has abandonado?». Esta mujer le preguntó por qué razón el rey David había dicho lo mismo si no era algo bueno. El rabino no pudo contestar la pregunta y esto bastó para que esta mujer creyera en el Mesías.

Te invito a leer con detenimiento este salmo para encontrar los diecinueve sucesos que hacen de este salmo un salmo profético tan especial.

❧

. . . me horadaron las manos y los pies. . .

DAVID

¿DESESPERADA?

Salmos 40:2

Me sacó del foso de desespera-
ción, del lodo y del fango. Puso
mis pies sobre suelo firme y [...] me
estabilizó. —NTV

¿Alguna vez te has atascado en lodo? Personalmente, me tocó hacer una larguísima caminata en la zona selvática de Chiapas, donde el fango me llegaba a media pierna. Me esforzaba el doble por levantar los pies pesados, me resbalaba y me sentía muy frustrada. Ahora, ¡añade a esa situación estar en un foso como se sentía David! Así imaginaba su desesperación: cero progreso. ¡Qué alivio sentir al fin que Dios ponía sus pies en suelo firme!

Los autores de los Salmos poéticos expresan una extensa gama de emociones con las cuales nos identificamos plenamente. Muestran la transparencia y sinceridad que nosotros también podemos mostrar al hablar con Dios. En este salmo vemos cómo al estabilizarse David, pudo caminar al fin y a la vez recibir un nuevo canto para reconocer al que lo había librado. También nos dice: «Muchos verán lo que él hizo y quedarán asombrados; pondrán su confianza en el SEÑOR».

¿Qué te tiene atorada? Tal vez sean dificultades en la escuela o con personas que te desaniman. O podrías estar pensando que no vales, que sin duda viene de Satanás, o errores que cometiste y que lamentas. Clama al Señor y te podrá sacar de ese hoyo. No solo tú, sino también otros, estarán maravillados ante el poder de Dios.

La desesperación es la falta de esperanza.

¡En Cristo ¡nunca muere la esperanza!

UN REINADO ETERNO

Salmos 45:6

Tu trono, oh Dios, es eterno y para siempre; cetro de justicia es el cetro de tu reino. —RVR 1960

Uno de los principales destinos turísticos es Inglaterra, cuyo principal atractivo consiste en ser una monarquía. Es un país de reyes y reinas, princesas y príncipes, castillos y etiqueta real. No puedes ir a Londres sin pasar por el Castillo de Windsor, La Torre de Londres, donde se guardan «Las joyas de la corona», y el característico edificio del Parlamento, el *Big Ben*. La reina Isabel II ha reinado bien durante 63 años, lo que ha proporcionado gran estabilidad a su pueblo.

El Salmos 45 también habla de un reino, el reino de Dios. Este trono durará más de 63 años, pues es eterno. No solo será estable, será también justo. Describe a una bella princesa con un vestido con brocados de oro, refiriéndose a nosotros, su iglesia. Hace alusión a un palacio y a príncipes. Un lugar donde se le alabará perpetuamente.

Nuestra mente humana no logra comprender lo excelso de su gloria y majestad. Pero ese es el lugar al que perteneces. Tú eres esa princesa con vestiduras reales. Si alguna vez te sientes fuera de lugar en este mundo, no te preocupes, es normal, la Tierra es un lugar temporal para nosotros.

***

No hay poder que no venga de Dios.

PABLO

EL SEÑOR PELEA NUESTRAS BATALLAS

Salmos 46:10

*Estad quietos, y sabed que yo
soy Dios; exaltado seré entre las
naciones, exaltado seré en la tierra.*
—LBLA

«Estad quietos…», esta frase me recuerda tres eventos en los que Dios actuó a favor de Sus amados sin que ellos movieran un dedo.

El primer evento está en Jueces 7, donde el Señor ordenó a Gedeón que fuera contra el campamento de Madián (quienes estaban «tendidos en el valle como langostas en multitud») con una tropa de trescientos hombres. La misión de ese pequeño ejército era sostener una antorcha ardiendo, sonar una trompeta y quedarse quietos. El Señor se encargó de lo demás: ¡hizo que los enemigos se destruyeran entre sí!

El segundo se encuentra en 2 Crónicas 20, donde Josafat pidió la ayuda del Señor porque tres naciones enemigas venían contra él. Entonces Dios les dijo que se mantuvieran firmes y quietos para ver su salvación. Cuando el pueblo empezó a alabar a Dios, los enemigos se mataron entre ellos mismos.

Tercer evento: Hace algunos años, una persona hizo todo lo posible por ponerme en mal con los líderes de mi congregación. No le di mucha importancia, pensando que el Señor podía arreglar las cosas. Nunca imaginé cómo iba Dios a arreglar ese asunto, pero lo hizo. Ten por seguro que el Señor pelea nuestras batallas y es exaltado por eso.

❧

¿Y acaso Dios no hará justicia a Sus escogidos, que claman a él día y noche? ¿Se tardará en responderles?

JESÚS

CANTA AL SEÑOR

Salmos 59:17

Fortaleza mía, a ti cantaré; porque eres, oh Dios, mi refugio, el Dios de mi misericordia. —RVR 1960

Un grupo de jóvenes de la iglesia australiana Hillsong formaron una banda. El verano de 1997 hubo un impactante campamento de verano. Los jóvenes regresaron con corazones ardientes, llenos de Dios. Fue entonces que comenzaron las «*Noches United*». Su lema fue «Cuando estamos unidos, Dios hace cosas poderosas».

Dirigidos por Darlene Zschech, autora de *Canta al Señor*, el grupo *Hillsong United* marcó un nuevo aire a la adoración en muchas iglesias alrededor del mundo con su música de alabanza, en un estilo contemporáneo y de adoración con un rock suave.

El Rey David también fue músico y compositor. Con su instrumento favorito, el arpa, alababa a Dios. En muchos de sus Salmos se ve reflejado su gusto por la música. Su inspiración y su canto siempre fueron para su Creador. Nos gozamos en sus composiciones hasta hoy.

Dios habita en la alabanza de su pueblo. Una de las cosas que más disfrutamos como Iglesia universal es cantar. Dios recibe tu alabanza y se deleita con tu canto. Más allá de las notas, Él se fija en tu corazón sincero. Los jóvenes en Hillsong tienen razón: «Cuando estamos unidos, Dios hace cosas poderosas».

La música es una revelación mayor que toda la sabiduría y la filosofía.

BEETHOVEN

FRÍAMENTE CALCULADO

Salmos 65:6,7

Tú, el que afirma los montes con su poder, ceñido de potencia; el que calma el rugido de los mares, el estruendo de las olas, y el tumulto de los pueblos. —LBLA

¿Te has preguntado qué pasaría si los montes no existieran? Entre otras catástrofes, no habría ríos, porque los ríos se forman con el deshielo de las montañas. Además, el viento se llevaría las nubes, porque no habría «paredes» para detenerlas, y no caería lluvia sobre el suelo.

¿Y si no existiera la Luna? No habría mareas ni el «rugido de los mares». Tampoco existirían las leyes sobre el movimiento de la Tierra que son gobernadas por la gravedad de la luna. El eje terrestre cambiaría continuamente de posición trayendo una confusión en las estaciones y la vida en la Tierra sería imposible.

O también, ¿qué pasaría si algún día dejara de existir la fuerza de gravedad, o si los planetas perdieran sus órbitas? El universo sería un caos. ¿Qué hace Júpiter en el Sistema Solar? Por ser tan inmenso tiene tanta gravedad que atrae toda la basura cósmica que puede dañar a la Tierra.

Este Salmos nos dice que Dios es quien afirma los montes y aquieta las olas. ¡Son solo dos de las miles de leyes que preservan nuestra vida! Todo está «fríamente calculado» para que podamos continuar sobre el planeta. ¿No se te hace incomprensible que haya gente que niegue que detrás de todo esto hay Alguien inteligente que controla el Universo? ¡Pero tú y yo podemos adorarlo!

Él ya existía antes de todas las cosas y mantiene unida toda la creación.

PABLO

LA FUERZA DEL CORAZÓN

Salmos 73:26

Puede fallarme la salud y debilitarse mi espíritu, pero Dios sigue siendo la fuerza de mi corazón; él es mío para siempre.
—NTV

saf escribió el Salmo 73 después de un momento duro en su vida. Cuando yo pasé por algo similar, este Salmo reflejó mi experiencia. Como Asaf, casi perdí el equilibrio y estuve a punto de caer. Pasé por un tiempo de depresión, enfermedad y desánimo extremo. Entonces me di cuenta que mi corazón se había llenado de amargura. ¡Estaba destrozada por dentro!

Al igual que Asaf, mis ojos se habían fijado en los demás y no en Dios. Me quejaba porque ya había pasado los 30 años y no tenía pareja, entre otras cosas. Me pregunté: «¿Me he conservado pura en vano? ¿He mantenido mi inocencia sin ninguna razón?» (v. 13).

Gracias a la misericordia de Dios puedo hacer mías hoy las palabras de Asaf. Dios me tomó de la mano derecha y me guió con su consejo. Un día me di cuenta que Dios es bueno, y que yo había sido necia e ignorante, pues, aunque las cosas parezcan negras alrededor, Dios nos conduce a un destino glorioso.

Concluyo y alabo a Dios como Asaf: «¿A quién tengo en el cielo sino a ti? Te deseo más que cualquier cosa en la Tierra. Puede fallarme la salud y debilitarse mi espíritu, pero Dios sigue siendo la fuerza de mi corazón» (v. 25 y 26).

❧

En cuanto a mí, ¡qué bueno es estar

cerca de Dios!

ASAF

SAL DEL ABISMO

Salmos 77:4

*No me dejas dormir; ¡estoy tan
afligido que ni siquiera puedo orar!*
—NTV

uando se suicidó el gran actor cómico Robin Williams, fue difícil creerlo. ¡Si hasta había representado al Dr. Patch Adams, que alegraba a niños con cáncer al vestirse de payaso! Después se supo que había luchado con la depresión por años.

Se despertó este tema en los medios y también en círculos cristianos, donde tiende a taparse puesto que «los cristianos no deben deprimirse». Pero los salmistas en varias ocasiones se expresan de manera tan angustiada que sabemos que su crisis emocional era profunda.

En el Salmo 77, Asaf clamaba a gritos, sufría insomnio y aun orar se le hacía imposible.

Por otro lado, Job llegó al extremo de lamentar el día en que había nacido. Incluso Jesucristo luchó contra la oscuridad espiritual en Getsemaní.

Por tu temperamento sensible o por alguna prueba que enfrentas, puedes sentirte como Asaf. Si tú o alguna amistad pasa varios días deprimida, acudan con un pastor o consejero antes de que sea tarde. Antes del final del Salmos 77, Asaf fijó sus ojos en Dios y cambió su tono: «¡Eres el Dios de grandes maravillas!». Que esta verdad te sostenga en tiempos de crisis.

Me oíste cuando clamé, viniste, me dijiste:

"No tengas miedo".

JEREMÍAS

DE LA ANSIEDAD A LA TEMPLANZA

Salmos 78:7

*A fin de que pongan en Dios su
confianza, y no se olviden de las
obras de Dios; que guarden sus
mandamientos.*
—RVR 1960

El trastorno de ansiedad, muy común actualmente, se caracteriza por preocupación constante, temor, inseguridad, enojo, desaliento y desgano. Las personas dicen: «es como si me hubieran arrancado el corazón».

Comer y dormir en exceso, consumir bebidas alcohólicas, fumar, drogarse, inclusive hacer compras de una manera desmedida, son formas de autocomplacencia que aparentemente sirven como fuga de la ansiedad acumulada. La realidad es que estos vicios pueden cobrar poder sobre nuestras vidas.

La ansiedad se vence a través de la toma de decisiones. Si nos proponemos guardar los mandamientos de Dios, tomaremos mejores decisiones. Si reconoces en ti los síntomas de este trastorno, pon a salvo tus pensamientos, pon en Dios tu confianza, el poder de su Espíritu te fortalecerá para vencer los malos hábitos. Ocúpate en tus dones, en ayudar a otras personas. No des lugar al ocio y al temor.

Poner en Dios tu confianza es tener esperanza en que Él está contigo siempre y tiene lo mejor para ti en el futuro. «No olvides las obras de Dios», así como Él ha sido contigo en el pasado, lo será en el futuro.

✧

Pon tus debilidades en las manos de Dios,

y serás fuerte.

ANHELOS FERVIENTES

Salmos 84:10

Un solo día en tus atrios, ¡es mejor
que mil en cualquier otro lugar! ...
—NTV

Cuando era novia del que hoy es mi esposo, vivíamos en ciudades diferentes. La semana transcurría con mucha lentitud, hasta que llegaba el viernes en que viajaba para verlo. Mi emoción iba creciendo con el paso de los kilómetros. Quería bajarme del autobús y correr.

Los hijos de Coré sentían lo mismo, pero para ir al templo del Señor que estaba en Jerusalén y al que año tras año muchos visitaban después de un largo viaje. Mientras iban avanzando, los israelitas cantaban Salmos.

«Qué bella es tu morada... Anhelo y hasta desfallezco de deseo por entrar en los atrios del Señor... Qué alegría para los que pueden vivir en tu casa. Qué alegría para los que se proponen caminar hasta Jerusalén... Prefiero ser un portero en la casa de mi Dios que vivir la buena vida en la casa de los perversos».

La pregunta para nosotras es: ¿sentimos ese mismo deseo por estar en la presencia del Señor todos los días a través de la oración y la lectura bíblica? ¿Ansiamos con todo nuestro ser buscar a Dios? Él es nuestro sol y nuestro escudo. Nos da gracia y gloria. No negará ningún bien a quienes le buscamos. Que podamos estar seguras que un día en la presencia de Dios es mejor que mil en cualquier otro lugar.

❧

Hasta el gorrión encuentra

un hogar cerca de tu altar.

HIJOS DE CORÉ

NO ES NECESARIO TROPEZAR

Salmos 90:12

*Enséñanos de tal modo a contar
nuestros días, que traigamos al
corazón sabiduría.* —RVR 1960

El verso de hoy es una petición. El salmista pide al Creador que nos enseñe a contar nuestros días de forma tal que el resultado sea un corazón sabio.

Un náufrago cuenta los días que lleva viviendo en una isla desierta, una mujer embarazada cuenta los días que faltan para poder abrazar a su bebé, una pareja de jovencitos cuenta los días que llevan de novios. El enfoque del Salmo va más allá de solo enumerar días. La idea es que los días cuenten y las experiencias nos sirvan. Hay que aprender las lecciones. No tropezar dos veces con la misma piedra.

Tú has sido creada para algo mejor que eso. No tienes que caer para levantarte, ni tomar malas decisiones para aprender de ello. Si sigues los consejos de la Palabra de Dios, podrás vivir una vida ejemplar y abundante. Puedes ahorrarte las desilusiones y los fracasos. No necesitas conocer el camino de la desobediencia si puedes tener una vida plena viviendo con sabiduría. Puedes proponerte en tu corazón temer a Dios y guardar Sus mandamientos para tomar buenas decisiones. De esta manera, todo te saldrá bien.

No hay que confundir nunca el conocimiento con la sabiduría. El primero nos sirve para ganarnos la vida; la sabiduría nos ayuda a vivir.

SORCHA CAREY

CORAZÓN ENDURECIDO

Salmos 95:8

El Señor dice: «No endurezcan el
corazón como Israel en Meriba ...
—NTV

a mis hijos les gusta jugar con plastilina (*Play-Doh*); pero han aprendido que si la dejan fuera del contenedor, se endurece y ya no sirve para moldear objetos con ella. Supongo que así funciona un corazón endurecido.

El corazón de los israelitas se fue endureciendo al tentar a Dios y poner a prueba su paciencia. ¿Cómo lo hicieron? Quejándose todo el tiempo y dudando que Dios podía auxiliarlos vez tras vez. A pesar de que habían visto un mar abrirse, no creyeron que Dios podría satisfacer su sed. Aun cuando miraron diez plagas destruir una nación, temieron a los gigantes de la Tierra Prometida.

Durante cuarenta años Dios vio cómo sus corazones se alejaban más y más de Él. Rehusaron obedecerlo, y eso provocó que sus corazones terminaran como una piedra. En pocas palabras, un corazón endurecido resiste la voluntad de Dios.

No dejes tu corazón fuera del contenedor, es decir, del amor de Dios. No dejes que tu corazón se endurezca. Sé moldeable en Sus manos y unámonos al salmista que nos invita: «Vengan, adoremos e inclinémonos. Arrodillémonos delante del Señor, porque Él es nuestro Dios»(v. 6).

❧

Un corazón terco es un corazón endurecido.

DIOS ES BUENO... TODO EL TIEMPO

Salmos 100:5

Pues el SEÑOR es bueno. Su
amor inagotable permanece para
siempre, y su fidelidad continúa de
generación en generación. —NTV

En la película *Dios no está muerto*, cuando no arranca el coche que necesitan dos pastores urgentemente, uno de ellos declara «Dios es bueno todo el tiempo…», y el otro termina la frase: «Todo el tiempo Dios es bueno». Durante años esta expresión ha sido popular entre los cristianos, especialmente cuando una persona recibe una bendición especial. Pero en el contexto de la película, la usan para afirmar que aun cuando no entienden el porqué de lo que pasa, confían siempre en la bondad del Señor.

En el alegre Salmos 100, se encuentran repetidas dos veces las respuestas del salmista a esta realidad: gozo, alabanza y gratitud. Y da seis razones, de las cuales tres están en nuestro versículo de hoy: lo bueno de Dios, Su amor y Su fidelidad. Vez tras vez se afirman estas verdades en la Biblia. Y esas cualidades de Dios ¡no cambian, aun cuando nuestras circunstancias no nos agraden!

En tus vivencias diarias, tienes dos opciones: dejar que tus circunstancias controlen tus emociones, o declarar que Dios es bueno y amoroso ¡pase lo que pase! Dale gracias por cada detalle, cada regalito, pero también por Su amor que nunca falla, aunque vengan situaciones difíciles.

❖

Prueben y vean que el SEÑOR es bueno:

¡qué alegría para los que se refugian en él!

DAVID

EL QUE SIEMPRE RESPONDE

Salmos 102:17

*Habrá considerado la oración
de los desvalidos, y no habrá
desechado el ruego de ellos.*
—RVR 1960

*E*l Salmos 102 habla de la oración en varios de sus versos. Dios siempre escucha nuestras oraciones, y no solo las escucha, Él siempre nos responde. A menudo se ilustra la respuesta de Dios con un semáforo: el verde es cuando Dios responde «sí» a nuestra petición; el rojo cuando dice «no»; y el amarillo cuando la respuesta es «espera».

Recuerdo a la misionera Ruth, quien nos platicaba acerca de las oraciones que su abuelo hizo por la salvación de su papá. El abuelo oró por más de 40 años por la salvación de su hijo, y murió sin ver contestada su oración. Sin embargo, Dios «no había desechado sus ruegos», y la respuesta llegó muchos años después. El padre de Ruth reconoció a Cristo como Salvador y Señor de su vida, y ella estaba muy agradecida por las innumerables oraciones de su abuelo.

El tiempo que pases orando es un tiempo bien invertido. No desesperes por la respuesta a tus peticiones y ten siempre la convicción de que Dios te escucha y te responde.

❧

Nuestras necesidades son tan profundas que no debemos cesar de orar hasta que estemos en el cielo.

CHARLES SPURGEON

ABRUMADA POR ENEMIGOS

Salmos 109:4

*Yo los amo, pero ellos tratan de
destruirme con acusaciones, ¡incluso mientras oro por ellos!* —NTV

Todas odiamos al enemigo del cuento,
ya sea la bruja de Blancanieves o el
Guasón de Batman. Sin embargo, David tuvo
enemigos realmente espeluznantes. Ellos desea-
ban que David muriera y que sus hijos queda-
ran huérfanos. Querían que nadie fuera amable
con David y que el Señor siempre recordara
sus pecados.

Además, mentían sobre él. Difamaban su
nombre alegando que era un mal hombre al que
le gustaba maldecir. David estaba tan cansado
de sus enemigos que le pidió a Dios: «Que esas
maldiciones sean el castigo del Señor, para los
acusadores que hablan mal de mí» (v. 20).

Nosotras tenemos enemigos terribles. No son de carne y hueso, sino los mismos enemigos que aconsejaban a los hombres que perseguían a David. El Nuevo Testamento nos enseña que luchamos contra Satanás y sus ángeles, y al igual que David, podemos sentirnos abrumadas.

Pero aprendamos dos cosas de David. Primero, él llevó sus quejas ante Dios. No buscó justicia propia ni alzó la espada. Segundo, ¡David oraba por sus enemigos de carne y hueso! ¿Has orado por los compañeros que no te tratan bien o aquellos que no te aman? Recuerda que detrás de sus maldades están tus verdaderos enemigos: los gobernadores de las tinieblas. Los de carne y hueso necesitan un Salvador. Intercede por ellos.

❧

Entonces que me maldigan si quieren, ¡pero tú me bendecirás!

DAVID

LA PALABRA VIVA

Salmos 119:1

*Bienaventurados los perfectos de
camino, los que andan en
la ley de Jehová.*
—RVR 1960

El Salmos más largo es el 119. En sus 176 versículos David usa vocablos diferentes para referirse a la Palabra de Dios: ley, testimonios, preceptos, caminos, órdenes, estatutos, decretos, mandamientos, juicios, ordenanzas, palabra, senda y dichos. Nos habla de lo que la Palabra es, lo que hace y lo que nosotros debemos hacer con ella.

La Biblia no es solamente el primer libro que fue impreso, o el libro más vendido en la historia. Es Palabra viva. Se cuenta de un matrimonio que llegó a tener una Biblia. Cuando el esposo empezó a leerla, dijo: «Si este libro es verdad, estamos equivocados». Continuó leyendo y después de unos días, dijo: «Si este libro es la verdad, estamos perdidos». Siguió leyendo con avidez hasta que una noche exclamó: «Si este libro es la verdad ¡podemos ser salvos!». El mismo libro que le había revelado que estaban condenados, le declaraba que podían ser salvos por Jesucristo. Esta es la gloria de la Biblia.

Leer tu Biblia indudablemente te ayudará a vivir en integridad, cuando «andas en su ley» serás «bienaventurada», que significa ¡doblemente feliz! Vale la pena tomar en serio esta promesa.

Las sagradas escrituras

son cartas desde casa.

AGUSTÍN

RENOVADA

Salmos 110:3

... Estás envuelto en vestiduras san-
tas, y tu fuerza se renovará cada
día como el rocío de la mañana.
—NTV

Sal temprano y admira los pequeños diamantes que descansan sobre pétalos y hojitas, o se suspenden sobre invisibles telarañas. ¡Rocío! El rocío es la condensación de la humedad en el aire que ocurre por cambios bruscos en la temperatura. Carece de atractivo la definición. Sin embargo, presenciar sus diminutas gotas sobre el pasto matutino produce en nosotros cierta fascinación, pues es algo que parece surgir de la nada. El milagro del agua cuando no ha llovido. Frescura donde había vegetación seca.

En este Salmo, esas gotitas son una metáfora para las fuerzas humanas que se renuevan cada día, por la gracia de Dios. Hacerse como nuevo… ¡qué maravilla poder lograrlo a diario! Así como Dios dio maná en el desierto cada mañana, muestra su fidelidad al mandar el rocío y al darnos nuevas energías para servirle cada día. Jeremías también se gozó de las misericordias de Dios que «son nuevas cada mañana».

¿Sientes los labios espirituales secos? Prueba levantarte unos minutos antes de lo normal para recoger ese maná o esas gotas antes de que el calor del día las haga evaporar. Bebiendo de su Palabra, deja que el Señor te dé renovadas fuerzas y visión como su hija especial. Que ese rocío que se percibe en tu vida ofrezca frescura también a cada persona que cruza tu camino.

Es por esto que nunca nos damos por vencidos. Aunque nuestro cuerpo está muriéndose, nuestro espíritu va renovándose cada día.

EL APÓSTOL PABLO

SOMOS PARTE DE SU PUEBLO

Salmos 121:4-5

En efecto, el que cuida a Israel nunca duerme ni se adormece. ¡El Señor mismo te cuida! El Señor está a tu lado como tu sombra protectora. —NTV

En 1948, cuando Israel proclamó su independencia, Egipto, Siria, Irak, Transjordania (hoy Jordania) y Líbano, con ejércitos poderosos y organizados, se unieron contra esta nación. Su objetivo era «echar a los judíos al mar». Israel no tenía ejército ni armas. ¿Puedes adivinar lo que pasó?

¡Israel ganó la guerra! El que cuida a Israel no se había dormido. Desde que Israel fue fundado se ha enfrentado a ocho guerras, dos intifadas (revueltas palestinas), numerosos ataques terroristas y los árabes siempre han deshecho sus tratados de paz. Pero Israel sigue en pie, y es uno de los países más avanzados en ciencia y tecnología, especialmente medicina. ¡Cuánto ha cuidado el Señor a este pequeño pueblo!

Una anécdota: cuando Israel recuperó el territorio de los Altos del Golán, los soldados israelíes tenían que encontrar y desactivar las minas que dejaron los sirios en cierta área. Batallaban con el sol abrasador y el peligro de pisar alguna de las minas. Para colmo, se vino una tormenta de arena que los cegó. No contaban con que el que cuida a Israel, al terminar la tormenta, ¡había dejado al descubierto todas las minas!

Pablo dice que ahora somos parte de Israel, del pueblo elegido. Esto nos asegura que nos dará el mismo cuidado.

❧

Oren por la paz de Jerusalén: que todos los que aman a esta ciudad prosperen.

DAVID

LOS PLANES PARA TU VIDA

Salmos 138:8

*El Señor llevará a cabo los planes
que tiene para mi vida, pues tu fiel
amor, oh Señor, permanece para
siempre. No me abandones porque
tú me creaste.* —NTV

Cuando estudiaba en la universidad tuve
que escribir mi plan de vida. Se acercaba el año 2000, así que la maestra nos pidió que
pensáramos qué metas queríamos cumplir para
esa fecha. En el 2000 yo cumpliría 25 años, así
que se me figuró una propuesta interesante.

Escribí que para esa fecha yo: «estaría casada,
con dos hijos, en una casa o departamento en el
Distrito Federal y trabajando en una universidad
dando clases». Llegó el 1 de enero y terminó el
31 de diciembre del nuevo milenio, y ninguno de
mis planes se cumplió.

¿Hice algo mal? Olvidé que Dios es quien lleva a cabo los planes y que deben ser suyos. Esos eran mis planes, no los de Él, y te confieso que no fue el mejor cumpleaños. Pero hoy, muchos años después, reconozco que las promesas de Dios se cumplen y que Sus planes son mejores.

Hoy estoy casada, tengo dos hijos, vivo en provincia y trabajo desde casa. ¿Y te confieso algo? ¡Me siento plena y confiada! Porque he aprendido que Dios aún tiene planes para mí, y que son mucho mejor que lo que yo pueda soñar. No hagas planes, más bien pregunta a Dios cuál es el plan para tu vida y confía en Él.

❧

Señor, tus promesas están respaldadas por todo el honor de tu nombre.

DAVID

TE CONOZCO, MOSCO

Salmos 139:16

*Mi embrión vieron tus ojos, y en tu
libro estaban escritas todas aquellas cosas que fueron luego forma-
das, sin faltar una de ellas.*
—RVR 1960

os de mis sobrinas, mi concuña y mi cuñada están embarazadas. Todos en la familia estamos muy emocionados. Hace poco nos reunimos en un cumpleaños y vimos en una pantalla el estudio de ultrasonido de uno de estos bebés. Es maravilloso poder darnos una idea de lo que está pasando dentro del vientre materno.

Dios conoció tu rostro desde las entrañas de tu mamá. No vio solo sombras como en el ultrasonido, sino claramente. ¡Él conoce hasta tu código genético! Está al tanto de tus pensamientos y aun de las intenciones de tu corazón. David estaba tan impresionado de esto que exclamó: «tal conocimiento es demasiado maravilloso para mí, alto es, no lo puedo comprender».

Así como los padres se gozan y están pendientes de cada detalle y logro en la vida de sus hijos, Dios también está pendiente de ti y se agrada de las intenciones de tu corazón cuando son buenas.

Y a ti, ¿cómo te hace sentir tal conocimiento?

Estamos en las manos de Dios... Nada puede ocurrir sin Su consentimiento. y todo terminará bien para aquellos que le aman.

SHERIDAN LE FANU

MÚSICA CELESTIAL

Salmos 150:6

*¡Que todo lo que respira cante
alabanzas al Señor! ¡Alabado sea
el Señor!*
—NTV

Los Salmos concluyen con un concierto en el que toda la creación canta, todos los instrumentos participan y todos fijan su vista en Dios. ¿Tocas algún instrumento? Los inicios son frustrantes. Te sientes limitada a dos o tres notas que repites durante semanas antes de avanzar a otras tres notas, y así sucesivamente.

Pero un día, te das cuenta que dominas el instrumento ¡y eres libre! Empiezas a improvisar, a sacar piezas de oído y a componer. Tu instrumento y las notas musicales ya no son los barrotes que te encierran, sino las alas que te permiten volar.

Lo mismo ocurre con la alabanza. Al principio parece que solo repetimos lo que otros dicen. Quizá usamos los Salmos como ejemplo o imitamos frases que escuchamos en la iglesia. Pero si practicamos todos los días, si estamos en contacto con Dios a través de Su Palabra cada mañana, ¡un día volaremos!

Entonces comprenderemos que el propósito de todo hombre es adorar a Dios, y encontraremos en la alabanza ese deleite que inspiró Salmo tras Salmo. Se dice por ahí que la vida es como un piano. Lo que obtienes depende de cómo lo tocas. Yo más bien diría que la alabanza es como un piano. Practica todos los días y tu vida será una sinfonía que honrará a Dios.

***

El arte de vivir consiste en mantener el paso terrenal al ritmo de la música celestial.

CUERDAS DE AMOR

Oseas 11:4

*Guié a Israel con mis cuerdas de
ternura y de amor. Quité el yugo
de su cuello y yo mismo me incliné
para alimentarlo.*
—NTV

E l bebé va tambaleándose y casi se cae,
pues todavía no domina el arte de caminar. Pero no se lastima ni se pega la cabeza porque la mamá tiene un rebozo amarrado debajo de
sus pequeños brazos. Los papás idean formas de
apoyar a sus hijos mientras aprenden a ser inde-
pendientes, a veces literalmente con «cuerdas»,
como las que usan para que no se escapen en la
plaza comercial.

Dios también se muestra en Oseas como un
padre tierno y cuidadoso. Había guiado a Israel
con «cuerdas de ternura y amor». Le había

alimentado como se hace con una criatura dependiente. Con todo y sus berrinches y su desobediencia, fue paciente.

¿Te has sentido como una niña desobediente? ¿Sientes que tu caminar espiritual tiene más caídas que aciertos? Quizá eres una nueva creyente y estás en las primeras etapas, dando tus primeros pasos. Tal vez ya tienes muchos años con Cristo, pero aún hay ocasiones en que resbalas.

Sin duda, nuestra naturaleza humana es débil y traidora. Pero recuerda que Sus cuerdas nunca te dejarán. Cuando caigas, asegúrate de confesar tu mal tan pronto como el Espíritu Santo te lo revela. Ponte de nuevo en manos del Señor y deja que Sus cuerdas amorosas te rodeen y te levanten.

❧

Si confesamos nuestros pecados a Dios, él es fiel y justo para perdonarnos nuestros pecados y limpiarnos de toda maldad.

JUAN

CORAZÓN DESGARRADO

Oseas 11:8

Israelitas ¡yo no puedo abandonar-
los! ¡No sería capaz de hacerlo! [...]
¡Mi gran amor por ustedes no me lo
permite! —TLA

Dios es bueno; es un Dios de amor. Es un padre cuyo amor por Sus hijos es perfecto. Hijos inconformes le olvidaron en el desierto construyendo otro dios con sus propias manos, pero no por ello los abandonó. «No sería capaz de hacerlo». Israelitas ignorantes gritaron: «¡Crucifícale!», sedientos de Su sangre. Él la derramó voluntariamente. No abandonó Su misión. «No sería capaz de hacerlo».

Los siglos pasan y la historia se repite. Un hijo desobediente que adultera por aquí, una hija piadosa que siente que puede juzgar a los demás por allá, la chica que dice mentiras, el joven que no quiere perdonar a su padre. Dios los mira con el corazón desgarrado, mientras sigue, sigue y sigue amando.

Tú tampoco escapas de Su perfecto amor. También a ti, en todo tiempo, con amor te ve el Señor. Y no hay nada tan malo que pudieras cometer, que con ello puedas Su gran amor perder. Cuando la culpa nubla tu razón y el temor inunde tu corazón, puedes con seguridad recibir Su sanidad. Podrás entristecerlo, mas jamás podrás perderlo. ¿Rechazarte? No, no, no, Él no sería capaz de hacerlo.

Mi corazón está desgarrado dentro de mí y mi compasión se desborda.

DIOS

ÁRBOL SIEMPRE VERDE

Oseas 14:8

*«... Yo soy el que contesta tus
oraciones y te cuida. Soy como un
árbol que siempre está verde; todo
tu fruto proviene de mí».*
—NTV

En mi jardín tengo un durazno. Durante la mayor parte del año permanece sin fruto. Debo esperar el momento oportuno —una temporada determinada— para disfrutarlo. Me gusta pensar en el Jardín del Edén. Pienso que Adán y Eva podían acercarse a cualquier árbol, sin importar la estación del año, y arrancar una pera o una granada, un higo o una manzana.

Yo me parezco a mi durazno. Hay ocasiones en que las personas se acercan a mí tratando de encontrar amor, paciencia o bondad, y encuentran ramas pelonas o frutos inmaduros que no pueden comer.

Dios, sin embargo, es como aquel jardín. Es un árbol que siempre está produciendo no solo fruto, sino el mejor fruto. Solo basta estirar el brazo y podemos comer paz y gozo, humildad y gentileza.

Si eres como yo, no te desanimes. Dios está trabajando en nuestras vidas para hacernos árboles siempre verdes. Estamos en camino de parecernos más a Él. Así que, sigamos el consejo de Jesús y dependamos del árbol perfecto, al que podemos recurrir en todo momento y ser saciadas. ¿Qué necesitas hoy? Pide a Dios el fruto que te haga falta, y compártelo con los demás.

Ustedes tampoco pueden ser fructíferos a menos que permanezcan en mí.

JESÚS

NO AL DIOS «GRINCH»

Joel 2:13

... Vuélvanse al SEÑOR [...] porque
él es bondadoso y compasivo, lento
para la ira y lleno de amor, cambia
de parecer y no castiga. —NVI

*A*un pequeño le preguntaron quién había hecho una travesura en su casa. No tenía hermanitos a quienes culpar. Al fin sugirió que Jesús lo había hecho. A fin de cuentas, ¡era invisible, pero siempre presente!

¿Cómo imaginabas a Dios cuando eras niña? Se dice que mucha gente lo imagina como un viejito enojón, allá en Su trono, espiando para ver si nos descubre haciendo alguna maldad y pensando cómo castigarnos. Nada que ver con la imagen que pinta el profeta Joel, de un ser bondadoso y compasivo.

En esa época, casi todo el pueblo de Israel había olvidado amar a Dios y obedecerlo. No había llovido y las plantas dejaban de crecer. Joel le rogaba a la nación buscar a su Creador y dejar sus malos caminos. Les recalcó el amor y misericordia de Dios, quien anhelaba la restauración de Su relación con ellos.

Después, Joel profetiza que en años venideros Dios derramaría Su Espíritu sobre la Tierra. Habría también terribles acontecimientos, pero todo el que invoque el nombre del Señor escapará con vida. Eso nos muestra Su gran corazón. Es misericordioso; o sea, se compadece de nosotros. Asegúrate de conocerlo cómo es y vivir para agradarlo. ¡No te creas la falsa historia del «Dios *grinch*»!

Señor, si he obrado bien, tú lo sabes; y si mal, yo me acojo a tu infinita misericordia.

JOSÉ MARÍA MORELOS

LA FRESCURA LLEGARÁ

Joel 2:23

¡Alégrense en el Señor su Dios!
Pues la lluvia que él envía
demuestra su fidelidad. Volverán
las lluvias de otoño, así como
las de primavera. —NTV

El ciclo agrícola en Israel comprende lluvias tempranas, lluvias torrenciales y lluvias tardías. Las tempranas, preparan el terreno para ser sembrado. Las torrenciales, hacen que el terreno las absorba para fluir en forma de manantiales. Las tardías, sirven para completar la maduración del fruto. El tiempo entre las lluvias, es un tiempo de sequía.

En el ciclo de la vida, Dios también permite tiempos «secos», tiempos de crecimiento, tiempos de madurar y tiempos de dar fruto. Cuando el pueblo de Israel atravesaba una gran sequía, Joel, el profeta, promete que volverán las lluvias a los campos.

Del mismo modo, Dios no promete que nunca habrá problemas, pero sí que estará con nosotros siempre. Puedes voltear hacia tu pasado y recordar las temporadas de sequía en tu vida, cuando los problemas te afligieron hasta sentir esa sed que solo Cristo sacia. Pero el agua refrescante de Su consuelo y ayuda siempre llegó.

Como Dios es fiel, puedes estar segura de que, así como lo ha hecho en el pasado, lo hará también en el futuro. Tan seguro como la lluvia después de la sequía, la frescura llegará.

❧

Pero el que beba del agua que yo doy nunca más tendrá sed.

JESUCRISTO

NUESTRO REFUGIO

Joel 3:16

*... pero el Señor será un refugio
para su pueblo, una fortaleza firme
para el pueblo de Israel.* —NTV

¿Quién controla la historia? Thomas Jefferson pensaba que la política; Karl Marx propuso que la economía. Sin embargo, el pequeño libro de Joel, de solo tres capítulos, nos recuerda que la mano de Dios controla el destino del mundo y de cada ser humano.

Vendrá un día —el Día del Señor— en que la paciencia de Dios llegará a su fin y el mundo será juzgado. En el Capítulo 3 se nos habla de una guerra en que miles y miles estarán esperando en el valle de la decisión. Allí, el sol y la luna se oscurecerán y las estrellas dejarán de brillar. Las naciones se movilizarán para pelear contra el Señor y Su pueblo, los judíos, pero

Dios triunfará al final del día y será un refugio para Israel.

Si bien aún falta para aquel día, todos debemos cruzar el valle de la decisión. Nadie sabe cuándo será su último día sobre esta tierra. La pregunta es: ¿qué decisión has tomado sobre Cristo? Solo existen dos caminos: los que se oponen a Él y los que hacen de Jesús su refugio.

Si Él es tu refugio, estarás en una fortaleza firme y segura. No esperes al día de la muerte. No demores más tu decisión. Si aún no le entregas tu vida a Cristo, hazlo hoy. Mañana puede ser demasiado tarde.

Hoy es el día de salvación.

PABLO

TU VALOR ANTE DIOS

Amós 3:7

De hecho, el Señor Soberano nunca hace nada sin antes revelar sus planes a sus siervos, los profetas.
—NTV

«No soy nadie», decimos. Nos menospreciamos y expresamos que es improbable que Dios nos use para grandes cosas. Otras tienen dones musicales, son excelentes para dirigir estudios bíblicos o para organizar eventos, pero «yo no». Puede ser que nos sintamos inferiores o inútiles, al contrario de lo que dice la Palabra, puesto que cada cristiano tiene por lo menos un don espiritual.

El profeta Amós subrayó que no era profeta ni «hijo de profeta». ¿Cómo? No era de los profetas de profesión, los que a menudo consultaban los reyes, y hasta tendían a dar profecías falsas para agradarles.

Amós era pastor de ovejas y productor de higos; sin embargo, Dios lo llamó para denunciar la injusticia del reino del norte de Israel. Rechazaban a Dios y oprimían al prójimo. «El Señor Soberano» usó a Amós y le reveló Sus planes. «Soberano» significa «que ejerce o posee la autoridad suprema e independiente». ¡Dios está en control y puede usar a «Sus siervos» más humildes!

A tu edad puede ser que no estás muy consciente de tus dones, y las personas mayores pueden no tomarte en cuenta. Sé fiel a lo que te muestra Dios que debes hacer y, poco a poco, tendrás mayores oportunidades. Confía en la soberanía del Señor en tu vida, Su autoridad y Su llamado.

❧

¡Vales mucho, puesto que Cristo dio todo por comprarte!

INCOMPRENSIBLE GRANDEZA

Amós 4:13

«... yo soy quien comunica sus planes a la humanidad entera; yo soy el que camina por las alturas de la tierra. ¡Yo soy el poderoso Dios de Israel!». —TLA

Una princesa y su sierva salieron a recoger flores. La sierva comentaba: «Todo lo que Dios hace es perfecto. Él nunca se equivoca». Un lobo atacó a la princesa y perdió un dedo. Dijo: «Si Dios es perfecto, ¿por qué lo permitió?». La sierva contestó: «Solo puedo decir que Él sabe el porqué de todas las cosas».

Indignada por la respuesta, la princesa encerró a la sierva en la torre del castillo. Tiempo después, la princesa fue capturada por salvajes que hacían sacrificios. En el altar, vieron que no tenía un dedo y la soltaron. No era perfecta para sacrificarla a sus dioses. Al volver, liberó a la sierva, y dijo: «Dios fue bueno conmigo. ¡No fui sacrificada justamente por no tener un dedo! Si Dios es tan bueno, ¿por qué permitió que yo te encerrara?».

La sierva respondió: «Si yo hubiera ido con usted, habría sido sacrificada en su lugar, pues no me falta ningún dedo. ¡Todo lo que Dios hace es perfecto!».

Los profetas de la antigüedad comprendieron que aun lo malo, en manos de Dios era bueno. Amós nos lo recuerda al hacernos ver que Dios es el Poderoso que camina sobre la Tierra. Dios siempre tiene el control de las cosas y es bueno. ¿Qué puedes esperar de un Dios bueno? Solo cosas buenas.

❧

Dios tiene dos tronos. Uno en lo más alto de los cielos y otro en el más humilde de los corazones.

D.L. MOODY

MARAVILLAS POR EL RESTO DE LA ETERNIDAD

Amós 5:8

El que hizo las Pléyades y el Orión,
cambia las densas tinieblas en
aurora, y hace oscurecer el día en
noche [...] el Señor es su nombre.
—LBLA

os maravilla la gigantesca variedad de especies sobre la Tierra, ¿verdad? Sencillamente, cada uno de los seres humanos es muy diferente uno de otro. Y si observamos las especies animales o vegetales, nos quedamos extasiadas de cómo se forman, de sus colores, tamaños, hábitat y… ¡más! Y si esto es lo que vemos, ¿puedes imaginarte lo que no vemos?

Nuestros órganos internos y la función para la que fueron diseñados son increíbles. ¡Ninguna cámara fotográfica puede ser tan perfecta como el ojo! Y todo está formado por partículas infinitamente pequeñas funcionando de forma maravillosa. ¿Y qué de las cosas inmensas?

Amós nos menciona a las Pléyades, que son un cúmulo de aproximadamente 500 estrellas y están a distancia de la Tierra como a 440 años, viajando a la velocidad de la luz. También menciona al Orión, otro grupo cuyas estrellas forman la figura de un hombre. El porqué existen estas estrellas ha sido plasmado en las leyendas de muchos pueblos antiguos. Y Amós sigue hablando de lo grandioso que es quien controla las tinieblas y el mar.

Simplemente nos asombra Su creación y cada nuevo descubrimiento nos hace alabarle. Me pregunto cuántas maravillas nos faltan por ver. Seguro que nos va a tomar el resto de la eternidad conocerlas. ¡Él es infinitamente poderoso! ¿No crees que es digno de adorar?

❧

¡Grandes y maravillosas son tus obras, oh Señor Dios, Todopoderoso!

LENTO PARA LA IRA

Jonás 4:2

Entonces le reclamó al SEÑOR:
—[...] Sabía que tú eres un Dios
misericordioso y compasivo, lento
para enojarte y lleno de amor
inagotable... —NTV

*L*ento para enojarse. ¿Conoces a alguien así? Es un don raro de encontrar. A la mayoría se nos suben los humos fácilmente. Lo sentimos desde que empezamos a tensar la quijada y los puños. Sentimos que empieza a arder el rostro. Y por lo general, no tarda mucho en explotar el volcán de la voz alzada, los gritos, los reclamos y hasta los golpes.

Algunos reprimen esa emoción, pero acaban con úlceras, pues es un fuego que los come por dentro. Jonás conocía la gran paciencia o aguante de Dios, a lo largo de los siglos, con Su pueblo rebelde. Lo curioso es que se queja de las características admirables de Dios, incluyendo Su lentitud para airarse, porque, a fin de cuentas, hasta le da una segunda oportunidad a la pagana ciudad de Nínive.

La ira de Dios es justa… a diferencia de la nuestra. Y, aun así, Él toma Su tiempo para llevarla a sus últimas consecuencias. Habrás escuchado varios consejos para controlar el enojo, como contar hasta diez antes de hablar o actuar. Por lo menos te da tiempo de pensar un poco para que las emociones no te ganen tan fácilmente. Pero, sobre todo, alza una oración al Dios que nos ha dado Su Espíritu y que es lento para la ira.

La ira impulsiva siempre te mete en problemas.

JESÚS ME PASTOREA

Miqueas 5:4

Y él se levantará para dirigir a su rebaño con la fuerza del Señor y con la majestad del nombre del Señor su Dios... —NTV

A mi mamá le gustaba criar cerdos. Una marranita podía tener hasta diez marranos. Mi mamá les ponía nombre a todos, y yo admiraba cómo reconocía a cada uno de ellos. «El de la franja es Ford, la más chiquita es Petunia, el broncudo de allá es Porky».

En la profecía de Miqueas, después de pronunciar el lugar del nacimiento del Mesías, es decir, Belén, se describe al Señor como un Pastor. Jesús es ese pastor que nos cuida y nos reconoce.

Cuando veo un tour de japoneses, los veo casi iguales a todos. No así nuestro Cuidador, quien como Pastor reconoce a cada oveja. «La del cabello hermoso es Yola, y ahí está Fer, quien quedó huérfana desde pequeña». Así el Señor nos va guiando hacia los delicados pastos cuando nos queremos desviar. Sentimos los golpes de la vara que nos regresa al camino correcto.

Dice el himno: «Señor, Tú me llamas por mi nombre, desde lejos, cada día Tú me llamas». ¿Puedes imaginar tu nombre pronunciado con Sus labios y el sonido de Su voz? No vivas como una ovejita perdida y solitaria. Acude cada día a Su llamado. Eres parte de un feliz rebaño. Cuando el Señor es tu Pastor, nada te falta.

El Buen Pastor, al verme, perdido e infeliz,

llegando a donde estaba, me trajo a Su redil.

Y al ver que Cristo me salvó, el cielo entero

se alegró.

ADONIRAM J. GORDON

LA LUZ AL FINAL DEL TÚNEL

Miqueas 7:8

*No te alegres de mí, enemiga mía.
Aunque caiga, me levantaré, aunque more en tinieblas, el Señor es
mi luz. —LBLA*

uando estamos en medio de una situación difícil, todo alrededor nuestro es
oscuro. Creemos que los enemigos saben lo que
pasa y se ensañan con nosotros. Quisiéramos pelear en oración, pero pareciera que hay una cú-
pula de hierro que no permite su llegada hasta
el trono de gracia. Son esos tiempos en que nos
sentimos secas y abatidas; carcomidas por la falta
de respuesta… ¡sin esperanza!

¡Te ha pasado? Es en esos momentos que la
única cosa que puede sostenernos es nuestra fe.
Es cuando debemos echar mano de las promesas:
«Echa sobre Jehová tu carga, y él te sustentará;

no dejará para siempre caído al justo». Creo que Dios es experto en enviarnos ese tipo de situaciones. ¿Para qué? ¡Para que aprendamos a fortalecer nuestra fe!

Después de experimentar varias veces el dolor, llega el momento en que es fácil confiar que al final del túnel está la luz, está el Señor mismo con Su gran sonrisa, diciéndonos: «Pudiste hacerlo. ¡Qué orgulloso estoy de ti!». Miqueas había experimentado y aprendido la rutina, y con este versículo nos deja saber que siempre habrá una luz que nos dará la bienvenida y nos abrazará con amor. ¡Eso es seguro!

No te desesperes, porque, aunque parezca que el Maestro se ha desatendido de ti, está callado, esperando ver si pasas la prueba.

❧

Sin fe, es imposible agradar a Dios.

ESCRITOR DE HEBREOS

¿QUIÉN COMO TÚ?

Miqueas 7:18

*¿Qué Dios como tú, que perdona
la maldad, y olvida el pecado del
remanente de su heredad?...*
—RVR 1960

¿Te han puesto un apodo? Generalmente los apodos se usan para señalar alguno de nuestros defectos, más que nuestras virtudes. Los estudiosos piensan que el nombre de Miqueas era un apodo y no el nombre real del profeta. Su nombre significa: «¿Quién es como Jehová?». En otras palabras: «¿Quién como Dios?».

Como vemos, su apodo o nombre no señalaba ni defectos ni virtudes del profeta, sino el tema central de su mensaje: un Dios sin comparación. Los lectores de la época solo debían mirar alrededor para descubrir que el resto de los dioses era vengativo. ¿Qué otro Dios pasaría por alto los pecados de Su pueblo? ¿Qué otro Dios se deleitaba en mostrar Su amor inagotable?

Hoy día podemos realizar el mismo ejercicio. Asómate a las religiones y a las cosmovisiones modernas. El dinero, la fama, el poder, ¿acaso arrojan nuestros pecados al mar? Los dioses de piedra y las deidades místicas, ¿muestran fidelidad?

No hay Dios como el Gran Yo Soy. No hay Dios que pueda compararse al Jehová del Antiguo Testamento, que en el Nuevo Testamento se presenta en carne como Jesús, Hijo de Dios. ¿Qué otro Dios bajaría del cielo para salvar a la humanidad que aún hoy día lo rechaza? Nuestro Dios es inigualable.

❧

Al único y sabio Dios, nuestro Salvador,

sea gloria y majestad, imperio y potencia,

ahora y por todos los siglos.

JUDAS

SE JUZGARÁ LA MALDAD

Nahúm 1:2,3

*El Señor es Dios celoso [...] y nunca
deja sin castigo al culpable...* —NTV

Nínive fue una ciudad importante de la antigua Asiria, una nación que fue usada por Dios para juzgar a los israelitas, devastar su tierra y llevar a muchos al exilio. En sus tiempos nadie pensaba que podría ser conquistada. Situada en el río Tigris, medía unos 50 kilómetros de largo y tenía mucho poder comercial.

El rey Senaquerib construyó un enorme palacio, majestuoso, y la ciudad fue conocida también por su esplendor. Entre otras cosas, era famosa por sus templos, como el de la diosa Ishtar.

Nahúm advirtió que Dios castigaría a Nínive por su crueldad, su maldad y su idolatría. El Señor es celoso y no tolera a los que siguen rebeldes contra Él. A pesar de lo difícil que parecía vencer a esta gran ciudad, en el año 612 a.C. fue asediada por los babilonios y medos, durante tres meses. ¡Hasta cambiaron el curso del río y entraron por el cauce seco! Arrasaron Nínive, la ciudad orgullosa, hasta los cimientos.

¿Te desespera la maldad que domina en las noticias? Secuestros, muertes, terrible violencia, inmoralidad que ofende al Dios que ve todo. Tal vez sientas que Dios tarde mucho en obrar, pero recuerda: Él promete castigar a los que lo rechazan y, en Su tiempo, se hará justicia.

❧

El Dios verdadero no admite competencia,

pues no hay quien se compare con Él.

LA PERSONA MÁS SEGURA

Nahúm 1:7

*Jehová es bueno, fortaleza en el
día de la angustia; y conoce a los
que en él confían.* —RVR 1960

*N*os relacionamos con diferentes tipos de personas. A veces otorgamos nuestra confianza a quienes no la merecen y terminan defraudándonos. Henry Cloud llama a este tipo de gente «personas inseguras». Se refiere a que no es seguro para nosotros relacionarnos con ellas.

Cloud dice que una relación es segura cuando la otra persona está de nuestra parte; esto implica amor incondicional y aceptación sin condenación. También debe existir honestidad y no mentira. Una persona es segura cuando se interesa en ti realmente; cuando está contigo.

A medida que conocemos a alguien podemos darnos cuenta si existen estas características en la relación. Tal vez podamos encontrar unas cuantas personas que puedan ser seguras para nosotros, pero no cabe duda que la única persona en la que podemos poner toda nuestra confianza es Dios.

Él te ama incondicionalmente, te acepta aun cuando le defraudas. Se interesa en ti porque te conoce. Recuerda que Él te hizo y está contigo siempre. A medida que tú lo conoces más a Él, tu confianza aumentará. Ese conocimiento es lo que te dará la fortaleza que necesites en el día de la angustia.

❦

La confianza en Dios y no en nosotros

es la clave para permanecer siempre

en guardia.

UN DIOS RESPLANDECIENTE

Habacuc 3:3-4

... Su esplendor cubre los cielos, y
de su alabanza está llena la tierra.
Su resplandor es como la luz; tiene
rayos que salen de su mano, y allí
se oculta su poder. —LBLA

¡Qué todos fuéramos poetas como Habacuc! Me pregunto si fue arrebatado al cielo para narrar esta escena maravillosa.

La brillantez de la luz se mide en vatios o watts. Un petavatio equivale a mil millones de vatios. Los científicos dicen que el resplandor del sol es igual a 174 petavatios. ¿Cuántos petavatios irradiará el resplandor del Señor? ¿Infinitos? ¡Sí! Tú sabes lo que pasa cuando tratamos de ver el sol. Quien lo ha hecho, ha perdido la vista. Dios le dijo a Moisés: «No podrás ver mi rostro; porque no me verá hombre, y vivirá». Si el Señor se mostrara ante nosotros, moriríamos al instante.

Simples seres humanos han descrito lo que se les ha permitido ver de Dios haciendo comparaciones. Habacuc dice que Su resplandor es como una luz que cubre los cielos y rayos salen de Su mano. En la transfiguración, Mateo dice que el rostro del Señor Jesús resplandeció como el sol y Sus vestidos se hicieron blancos como la luz. Juan, en Apocalipsis, describe Su aspecto como jaspe y cornalina, con un arcoíris semejante a la esmeralda.

¡Imaginas estar en la presencia de Dios y admirar Su resplandor llenando el cielo, con rayos saliendo de Su mano, todo en color jaspe, cornalina y un arcoíris semejante a la esmeralda? Todo en un mismo Dios, ¡el nuestro!

❧

¡Personaje! ¡Divino personaje! ¡El día que te mostraste, el sol se deslumbró!

RUBÉN SOTELO

UN DIOS ETERNO

Habacuc 3:6

Cuando él se detiene, la tierra se estremece [...] Él derrumba las montañas perpetuas y arrasa las antiguas colinas. ¡Él es Eterno! —NTV

Habacuc no fue el primero en preguntar: «¿Por qué el sufrimiento? ¿Por qué tanta maldad? ¿Hasta cuándo habrá violencia en la tierra? ¿Por qué debo mirar tanta miseria?». Tampoco será el último.

En medio de tiempos difíciles para el pueblo de Israel, Dios le responde y le dice que tras bambalinas está levantando a los caldeos, quienes no solo derrotarían a los asirios —la potencia en ciernes—, sino que arrasaría con la idolatría en Judá y llevaría cautivo al pueblo. Habacuc se queda más perplejo que antes. ¿Cómo es posible que la respuesta de Dios sea un pueblo salvaje e idólatra? Dios le responde nuevamente. Él tiene el control. Los babilonios también recibirían el pago por sus maldades.

¿Qué hacer cuando no entendamos los porqués de la historia? Como Habacuc, hagamos memoria del carácter de Dios. Pueblos vienen y van, sean asirios o babilonios, mexicanos o norteamericanos, pero Dios permanece para siempre. Como escribió Ray Stedman: «Dios es anterior a la historia. Es más grande que cualquier serie de eventos humanos. Él creó la historia. Es desde el principio y está al final. Es el Dios de la eternidad».

En otras palabras, podemos confiar en Dios. Él está a cargo.

¿No eres tú desde la eternidad, oh SEÑOR, Dios mío, Santo mío?

HABACUC

TENEMOS UN SECRETO

Habacuc 3:18-19

¡Aun así me alegraré en el Señor!
¡Me gozaré en el Dios de mi sal-
vación! ¡El Señor Soberano es mi
fuerza! ... —NTV

unque el calor esté insoportable y las cosechas no se den... aunque haya sequía y se esté muriendo el ganado... aunque tenga problemas en mi familia... aunque tenga malas notas en la escuela... aunque nos falte dinero para algunas necesidades básicas... ¡Me alegraré en el Señor!

En medio de la situación desastrosa que describe Habacuc en los versículos anteriores a este pasaje, milagrosamente surge la esperanza, basada sobre todo en la fuerza que el Señor le proporciona. De hecho, apenas parece que sea la misma persona que en el primer capítulo clamaba:

«¿Hasta cuándo clamaré y no oirás?» y «¿Por qué me haces ver iniquidad?». Se queja, se desespera, pero aun así sabe que tiene un Dios poderoso que de alguna manera triunfará.

Ante la maldad en el mundo, las crisis naturales y económicas, y aun los problemas personales, es común que nos sintamos impotentes. Pero tú y yo tenemos un secreto: nuestra fe en un Dios que es nuestra fuerza. Las palabras del profeta Habacuc nos muestran que es posible expresar a la vez emociones de angustia y de confianza en Dios.

Dios entiende y permite esa aparente contradicción, que Jesús también reconoció: «En el mundo tendréis aflicción; pero confiad, yo he vencido al mundo». ¿Sientes esta esperanza?

Con todo, yo me alegraré.

HABACUC

GOZO, LA FUERZA DE LA VIDA

Sofonías 3:17

Jehová está en medio de ti, poderoso, él salvará; se gozará sobre ti con alegría, callará de amor, se regocijará sobre ti con cánticos.
—RVR 1960

Tengo todo lo que necesito para estar gozoso!», dijo Robert Reed. Tiene manos y pies deformes. No puede comer solo ni peinarse. Apenas se entiende lo que dice. Tiene parálisis cerebral. Su enfermedad le impide caminar, pero no le impidió graduarse como profesor en latín ni ser misionero en Portugal, donde pudo llevar a muchas personas a Cristo, incluyendo a su esposa.

Hace poco fue invitado a dar una conferencia. Con la Biblia entre sus piernas, difícilmente volteaba las páginas. Las personas que lo escuchaban secaban sus lágrimas de admiración. En vez de sentirse miserable, levantó su retorcida mano al aire, exclamando: «Tengo todo lo que necesito para estar gozoso, tengo al Señor».

Aunque su cuerpo sin fuerza estaba sostenido por una silla, su espíritu fuerte es sostenido por el gozo del Señor. Siempre hay alguien con mayores tribulaciones que las nuestras. No permitas que las circunstancias te hagan perder el gozo.

Pero piensa en algo más: puedes gozarte porque Dios se goza en ti. En Sofonías leemos que un día el Todopoderoso se deleitará con alegría cuando vea a Su pueblo restaurado. En Cristo estás completa. Te puedes gozar en Él; pero no olvides que Él también quiere gozarse contigo. ¡Qué privilegio!

❧

El gozo del Señor es nuestra fortaleza.

NEHEMÍAS

ANILLOS DE SELLO

Hageo 2:23

«... Te haré como el anillo con mi sello oficial, dice el Señor, porque te he escogido. ¡Yo, el Señor de los Ejércitos Celestiales, he hablado!».
—NTV

Al hablar de anillos, soñamos con un príncipe azul llegando en un caballo blanco, ofreciéndonos un anillo y pidiéndonos matrimonio, ¿verdad? O pensamos en una joya valiosa para presumir en una fiesta.

En la antigüedad, los anillos se usaron para fines diferentes. En el antiguo Egipto, los altos funcionarios usaban anillos con piedras preciosas talladas en relieve y engastadas sobre el chatón para sellar documentos. José usó el del Faraón. Entre los romanos, se usaban para señalar el puesto y la importancia del que lo portaba. Entre algunas tribus, los anillos eran protecciones contra los malos espíritus.

Después que los judíos regresaron a Jerusalén desde Babilonia, Zorobabel se convirtió en su líder. Dios, complacido con su fervor, le promete hacerlo su anillo de sellar. Sellar es imprimir algo de mí en lo que he hecho. El Señor quería usar a Zorobabel para imprimir algo de Él mismo en las almas de los judíos: fue usado para comenzar un avivamiento entre el pueblo. Durante su mandato, impulsó la reconstrucción del Templo hasta terminarlo e instituyó cantores y sacerdotes para el servicio. Dios sabía de qué era capaz Zorobabel ¡y lo escogió!

Pablo dice que somos escogidas. ¿Será que tenemos algo de Dios que Él puede usar como anillo de sello para bendecir las almas de otros? ¿Estás dispuesta a dejarte usar?

❖

Ustedes no me escogieron a mí, sino que yo los he escogido a ustedes y les he encargado que vayan y den mucho fruto.

JESÚS

NO EN MIS FUERZAS

Zacarías 4:6

... «No es por el poder ni por la fuerza, sino por mi Espíritu, dice el Señor de los Ejércitos Celestiales.
—NTV

Una poesía dice: «Haz de tu vida la mejor fiesta, que lo que crees se manifiesta… Di: "¡Yo puedo hacerlo! ¡Claro que puedo!"». Si Zorobabel hubiera tenido este lema, jamás habría reconstruido el templo. Pero escuchó la voz de Dios por medio del profeta Zacarías y comprendió que no era en sus fuerzas, sino en el poder del Espíritu Santo.

Por experiencia sé que cuando digo: «Yo puedo», muchas veces he fracasado. Pero cuando oro sobre algún proyecto y dejo que Dios actúe, ¡pasan cosas increíbles! (Como este devocional).

¿Tomas en cuenta al Espíritu en tu diario

vivir? El Espíritu Santo es la tercera persona de la Trinidad, nuestra fuente de ayuda y poder. Él es quien hace los grandes milagros de la conversión y la santificación. Él es quien mueve montañas y brinda el fruto de una vida transformada. El Espíritu descendió sobre Sansón, y este cargó la puerta de la ciudad y mató ejércitos. El Espíritu descendió sobre Jesús y guio Su ministerio. El Espíritu cubrió a incontables misioneros que rescataron niños y penetraron selvas y vencieron obstáculos.

Si dejáramos que el Espíritu actuara en todo momento, nuestras historias serían diferentes. Toma hoy la decisión de orar antes de cada actividad. Pide a Dios que sea Su Espíritu el que actúe. ¡Verás la diferencia!

Que el Espíritu Santo guíe cada decisión y cada acción.

UN VENCEDOR HUMILDE

Zacarías 9:9

*... Mira, tu rey viene hacia ti. Él es
justo y victorioso, pero es humilde,
montado en un burro: montado en
la cría de una burra. —NTV*

¿Alguna vez has soñado ser famosa? Los reyes, presidentes y demás personajes de categoría pasean en carros de lujo mientras la multitud les echa porras. Para viajar a mayor distancia, tienen su jet privado. Pobre del que se trate de acercar, pues fornidos guardaespaldas los protegen de cualquier contacto indebido con la gentuza.

En tiempos bíblicos, después de una victoria en batalla, los conquistadores cabalgaban en briosos corceles. Cuánto contrasta esta imagen con la profecía del Mesías que llega humilde en un asno, más como un campesino que como un guerrero. Mateo 21 se refiere al cumplimiento de esta profecía en la entrada triunfal de Jesús en Jerusalén, para proclamar su reino de paz y no de violencia. Posiblemente hasta se le arrastraban sus pies, por lo pequeño del burro.

En vez de una alfombra roja, pisaba sencillas palmas. En vez de guardaespaldas, le acompañaban unos pescadores confundidos que no entendían qué pasaba. A Dios le encanta romper con las expectativas humanas, y este cuadro retrata a un «vencedor humilde».

El Mesías, Jesús, el Siervo en Isaías, no busca aduladores, sino personas a quienes ministrar. ¿Estás dispuesta a hacer el ridículo si eso es lo que te pide Dios? En vez de codearte con los «ricos y famosos», considera identificarte con los necesitados y menospreciados.

❧

La humildad no es pensar menos de uno mismo, sino pensar menos en uno mismo. La humildad es pensar más en los demás.

C.S. LEWIS

LA PIEDRA PRINCIPAL

Zacarías 10:4

*De Judá saldrá la piedra principal,
la estaca de la carpa, el arco para
la batalla, y todos los gobernantes.*
—NTV

El 25 de abril de 2015, un terremoto sacudió Nepal. México se unió a la causa con un grupo de rescatistas pertenecientes al grupo «Topos», que viajó a Katmandú con el fin de ayudar a la localización de personas con vida sepultadas bajo los escombros.

El 12 de mayo, otro terremoto sumergió al país en una profunda crisis humanitaria. Son escasas las construcciones que permanecen en pie. Solo aquellas bien cimentadas, fundadas sobre la roca.

La piedra angular es la primera piedra de cualquier edificación. Solía ubicarse en una esquina. Esta roca nos recuerda a Dios. Él es el origen de todas las cosas y todas las cosas por Él subsisten. Él es la base sobre la que descansa la iglesia. Él es el cimiento de nuestra fe.

Que la piedra angular de tu vida también sea nuestro eterno Padre. De esta manera, nada podrá derribarte. Sea que venga la prueba o la enfermedad con dura intensidad, tú puedes permanecer en pie. Que Él sea el cimiento de tu vida, el cimiento de tu matrimonio y el cimiento de tu fe.

El hombre prudente casa construyó, y sobre la peña él edificó, soplaron vientos y se inundó y la casa permaneció.

CANCIÓN INFANTIL

UN DIOS MUY GRANDE

Malaquías 1:11

«... En todo el mundo ofrecen incienso dulce y ofrendas puras en honor de mi nombre. Pues mi nombre es grande entre las naciones» ... —NTV

Imagina por un momento que eres una niña otra vez. ¿Qué sentirías si en Navidad recibes una muñeca rota? Ahora piensa que eres la dueña de una empresa trasnacional y un empleado llega en tu cumpleaños y te obsequia un caramelo del tamaño de una canica.

Los israelitas habían olvidado quién era su Dios, por lo tanto, Malaquías aparece con indignación y transmite el mensaje de Dios. Entre otras cosas, el Señor estaba molesto porque los judíos llegaban con sacrificios contaminados. ¿Sabes qué hacían? Ofrecían animales lisiados y enfermos. Dios declara que ni siquiera al gobernador le darían algo dañado.

El fondo del problema estaba en que los israelitas habían olvidado quién era su Dios, pero Él se los recuerda. «Mi nombre es honrado desde la mañana hasta la noche por gente de otras naciones». En otros lugares tenían más temor que en Judá. ¿Debía Dios aceptar sus sacrificios? Por supuesto que no.

Pero quizá nosotros también olvidamos con frecuencia quién es nuestro Dios. Le ofrecemos las sobras de nuestro tiempo, nuestra atención a medias y lo que nos sobró del cambio para las tortillas en ofrenda. No olvidemos que nuestro Dios es grande. ¿Qué clase de sacrificios merece? ¡Lo mejor y lo primero!

❧

Lo mejor de nuestro día debe ser para Dios.

UN DIOS INMUTABLE

Malaquías 3:6

*«Yo soy el Señor y no cambio. Por
eso ustedes, descendientes de
Jacob, aún no han sido destruidos.*
—NTV

Alfredo hizo lo posible por conquistar a
Carmen hasta que la convenció. En la
boda prometió amarla para siempre. Tuvieron dos
preciosas niñas. Todo parecía normal hasta que un
día él le dijo: «Quiero el divorcio». Eso fue una
puñalada para Carmen, pero venía lo peor.

Se enteró que Alfredo falsificó su firma haciéndola fiadora de millones de pesos y que, además, tenía dos hijos pequeños con diferentes mujeres. Sus
hijas estaban en la universidad, y Alfredo se negó a
cubrir los gastos. ¡Ella estaba desesperada! ¿Cómo
alguien que había prometido amarla, sin ningún
motivo se había hecho su enemigo?

No nos sorprende que alguien no tenga palabra de honor; ni que haya divorcios entre creyentes; o que alguien a quien admirábamos, ahora sea un ladrón o mentiroso. Lo peor es que pensamos que Dios también es así. Creemos que puede dejar de amarnos y romper Su trato con nosotras por nuestros errores, o que no cumple Sus promesas. Nuestro conocimiento de Él es muy pobre.

Dios dice: «No cambio», y es una realidad. Nos conoce profundamente; sabe que cometemos errores y que le seremos infieles en algún momento. Sabe nuestro pasado, presente y futuro y, aun así, decidió amarnos y nunca va a dejar de hacerlo. Podemos confiar que Él no es hombre para que mienta.

Jesucristo nunca cambia: es el mismo ayer,

hoy y siempre.

ESCRITOR DE HEBREOS

POBRE DE ESPÍRITU

Mateo 5:3

«Dios bendice a los que son pobres
en espíritu y se dan cuenta de la
necesidad que tienen de él, porque
el reino del cielo les pertenece.
—NTV

Henri Nouwen pasó horas contemplando el cuadro pintado por Rembrandt, llamado «El Regreso del Hijo Pródigo», que se ubica en una ermita en Rusia. De sus contemplaciones surgió un libro donde Nouwen medita sobre los personajes de una de las parábolas más importantes que Jesús contó.

Al principio, el hijo menor, pensando que no necesita de su padre, pide su herencia y se marcha a una provincia lejana donde malgasta su dinero hasta que se queda sin nada. Vuelve en sí y regresa a los brazos amorosos de su padre. Regresa pobre en bienes materiales, pero, sobre todo, en espíritu. El hijo mayor, sin embargo, se siente rico. Cree que no tiene necesidad del perdón de su padre o la comunión con su hermano.

Dios bendice a quienes acudimos a Él como ese hijo pródigo, conscientes de nuestra necesidad y nuestro vacío. En la pintura de Rembrandt, la luz se enfoca en las manos del padre que se posan suavemente sobre la figura herida y sucia del hijo menor. Esas manos están esperándonos hoy también para repartir bendición.

No seas como el hijo mayor, quien en la pintura se oculta tras las sombras. Reconoce tu pobreza espiritual y acude al Padre por excelencia que desea hoy darte una herencia de amor y compasión. Ven a Él.

Soy el hijo pródigo cada vez que busco amor incondicional donde no lo puedo encontrar.

NOUWEN

SE VALE LLORAR

Mateo 5:4

Dios bendice a los que lloran, porque serán consolados. —NTV

*L*a clásica obra Pietà («La Piedad»), de Miguel Ángel, es una magnífica escultura renacentista en mármol blanco. Retrata a la Virgen María, que sostiene a Cristo muerto. Aun en su gran duelo, se capta un aura de paz; podemos percibir que de alguna manera Dios la está confortando. Podemos imaginar que recuerda las promesas que hizo Jesús de que resucitaría al tercer día.

El Señor bendice a los que lloran, pero que, a la vez, tienen esperanza en Él. Lloran ante el mal; anhelan que triunfe la justicia. Lloran como el apóstol Pedro, arrepentido por la profundidad de su propio pecado. Siguen el mandato de Romanos 12:15: «Alégrense con los que están alegres y lloren con los que lloran». Sufren junto con los que pasan por algún problema. Saben consolar a los demás porque Dios los ha consolado en sus dificultades, como los corintios a quienes escribió Pablo. También claman a Dios porque muestre Su misericordia hacia los que están apartados de Él.

No seas de los que procuran consolar insistiendo en decir «¡No llores!». Que las lágrimas no te avergüencen; Dios las puede usar mejor que las palabras si alguien está pasando por alguna pena. Si tú misma estás adolorida, entrega esas lágrimas a Aquel que «recoge cada una» de ellas (Salmos 56:8) y que te quiere aliviar de tu dolor.

Toma en cuenta mis lamentos; registra mi llanto en tu libro. ¿Acaso no lo tienes anotado?

DAVID

PERSEGUIDOS

Mateo 5:10

*Bienaventurados los que padecen
persecución por causa de la justicia, porque de ellos es el reino de
los cielos.*
—RVR 1960

¡Catacumbas! ¿Sabes qué son? Durante el Imperio Romano algunos pueblos europeos usaban túneles subterráneos en los que cavaban nichos para sepultar muertos, decorándolos con frescos o mosaicos. Los habitantes judíos de Roma aprendieron esta forma de sepultura.

Cuando los judíos viajaban a Jerusalén para celebrar alguna fiesta y oían y creían el Evangelio, regresando a Roma, lo publicaban. Así que había creyentes en Roma antes de que el apóstol Pablo llegara. Pero al politeísta Imperio Romano le molestó que esta buena gente enseñara que existe un solo Dios y predicara en contra de la gran inmoralidad que vivían; entonces, empezó la cacería de judíos y cristianos, quienes se refugiaron en esos túneles.

Las catacumbas se convirtieron en un lugar de reunión donde adoraban a Dios y tenían comunión. En ellas existen frescos con pasajes bíblicos, e incluso hay una pintura del rostro del apóstol Pablo en las catacumbas de Santa Tecla que indica que estos hermanos le conocieron.

Hoy, la persecución contra los creyentes se ha incrementado. Nuestros hermanos en el mundo islámico, y muchos aquí en México, han sido asesinados o desterrados. No tienen la oportunidad de dejar un legado artístico. Y, aunque el regreso del Señor Jesús para establecer el reino de los cielos y consolarles está cerca, nuestra responsabilidad es orar por ellos. ¿Lo has hecho hoy?

❧

Si a mí me han perseguido, también a vosotros os perseguirán.

JESÚS

DISEÑO EXCLUSIVO

Mateo 5:11

Dios los bendice a ustedes cuando la gente les hace burla y los persigue y miente [...] en su contra porque son mis seguidores.
—NTV

*L*os saris son prendas hermosas que usan las mujeres en India. Los saris más elegantes se hacen entre un padre y un hijo. El padre se sienta en la plataforma, rodeado de carretes de hilos de colores que coloca entre sus dedos. El hijo tiene un solo trabajo: al movimiento de cabeza de su padre, debe mover la lanzadera de un lado a otro.

Esto se repite cientos de veces hasta que comienza a surgir un patrón. El padre tiene en su mente el diseño; el hijo lo ignora, pero al ir obedeciendo hace una hermosa creación.

Dios tiene un diseño para ti. Está creando un hermoso patrón que incluye hilos vistosos de alegría como el amarillo y el rojo, y también hilos sobrios de sufrimiento como el negro y el gris. Él no prometió que no sufriremos persecución ni burlas. Pero sí ha prometido bendición.

¡Y qué más grande bendición que saber que en Su mente hay un plan! ¿Nuestro trabajo? Obedecer y mover la lanzadera cuando Él lo indique. Como dice Ravi Zacharias: «El diseño para tu vida usa cada hilo de tu existencia en una obra de arte. Cada hilo cuenta y tiene un propósito específico». Así que, confía en medio de las pruebas, pues todo tiene un fin. Dios es el Gran Tejedor de vidas.

Si dejas que el diseño de Dios surja en tu vida, verás su impacto en otros y durante generaciones.

RAVI ZACHARIAS

BAÑO DE BURBUJAS

Mateo 11:28

Luego dijo Jesús: «Vengan a mí todos los que están cansados y llevan cargas pesadas, y yo les daré descanso». —NTV

*L*a idea de un baño de burbujas me hace pensar en relajación y descanso, quizá por eso Benjamín Franklin trajo la primera bañera a los Estados Unidos, alrededor de 1780. Allí se inspiraba para escribir. Arquímedes también tuvo su momento de descubrimiento en una bañera, de la que salió corriendo y gritando: «¡Eureka!», que significa: «Lo he descubierto». ¿Y tú, has descubierto la clave para el verdadero descanso?

En la vida pasamos meses y años buscando algo que le dé sentido a nuestra existencia. Nos portamos bien, seguimos reglas, estudiamos, trabajamos, pero al final del día estamos agotados y con cargas pesadas. ¿Dónde está la paz? ¡Ni siquiera en un baño de burbujas!

La respuesta está en Jesús. Él nos hace una invitación: «Ven». Así como estamos, cansadas, sudorosas, fatigadas y sucias. Debemos acudir a Él y eso requiere un paso de fe. ¿Quiénes? Todos. No importa si tienes bañera o no. Lo único que se requiere es que creas en Jesús. ¿Y qué nos dará? Paz espiritual. Ese saber que por fin estamos en casa y que la vida tiene sentido.

Sumérgete en el lugar donde estés, consciente que no se trata de nada que hagas o sepas o sientas, sino que es solo por fe y gracia que hallarás descanso. ¿Puedes decir Eureka conmigo? ¿Has descubierto la paz de Dios?

❦

Encontré refugio donde descansar, en la

eterna roca de salud.

CORO CRISTIANO

¡SÍ PUEDE!

Marcos 9:23

*—¿Cómo que «si puedo»? —pregun-
tó Jesús—. todo es posible
si uno cree.*
—NTV

Se cuenta que Picasso visitó al carpintero local para encargarle un armario para su casa. Como tuvo problemas para comunicar su idea, Picasso dibujó un rápido boceto sobre un trozo de papel. «¿Cuánto costará el mueble?», preguntó finalmente. «Nada», le dijo el carpintero, «solo firme el dibujo».

Imagina si el carpintero le hubiera preguntado: «¿Cree poder hacerme un dibujo de lo que quiere?». Picasso quizá se habría ofendido. Si algo sabía era ¡pintar! Pero con esa actitud de incredulidad nos acercamos a Dios vez tras vez.

El padre del muchacho endemoniado, cuando

vio que los discípulos no podían sanarlo, acudió a Jesús y le dijo: «Ten misericordia de nosotros y ayúdanos si puedes». ¿Te imaginas decirle a Dios que algo está fuera de Su alcance? ¡Imposible! Él todo lo puede. Sin embargo, tristemente, muchas veces oramos así.

Pero existe una cláusula a esta promesa: todo es posible, si uno cree. ¿Crees que Dios puede darte una pareja? ¿Crees que te puede sanar de tu enfermedad? ¿Crees que puede ayudarte en la escuela? ¿Crees que puede darte lo que tu corazón desea? Si pides a Dios conforme a Su voluntad, es decir, si lo que pides traerá gloria a Dios, verás cosas increíbles. Y todas llevarán la firma de Dios. Y no te costarán nada. ¡Todo es por fe!

❖

La fe mueve montañas.

NO LE ECHO FUERA

Juan 6:37

Sin embargo, los que el Padre me
ha dado, vendrán a mí, y jamás los
rechazaré.
—NTV

La historia está llena de rechazos y supuestos fracasos. Van Gogh vendió un solo cuadro en toda su vida, pero pintó 900. Albert Einstein no habló hasta los 4 años y no leyó hasta los 7. Thomas Edison tuvo mil intentos fallidos antes de crear la bombilla. Charles Chaplin fue inicialmente rechazado por Hollywood. Walt Disney fue despedido por un editor de periódico por «falta de imaginación». Y nos faltaría espacio para escribir los muchos rechazos de novelas que cuando fueron publicadas resultaron ser grandes éxitos.

Marilyn Monroe, dijo: «A veces pienso que toda mi vida ha sido un gran rechazo». Se siente horrible cuando a alguien no le gusta tu trabajo, o cuando no te aceptan en algún lugar. Podemos pasarnos toda la vida tratando de ser aceptadas, sin lograrlo. Sin embargo, Jesús nos ha prometido que, si vamos a Él, no nos echará fuera. No hay nada que podamos hacer que impida que Él nos acepte. Aun el pecado más pecaminoso, por así decirlo, encuentra perdón por el derramamiento de Su sangre.

Jesús siempre está disponible. Jesús siempre está dispuesto a esperar. Recuerda que Sus brazos están siempre abiertos. Jamás te echará fuera. No importa cuántas veces falles, siempre puedes volver a Él. ¿Y lo mejor de todo? Nos ama tanto que nos está perfeccionando.

Jamás los rechazaré.

JESÚS

MUDANZA ETERNAL

Juan 14:2

En la casa de mi Padre muchas moradas hay; si así no fuera, yo os lo hubiera dicho; voy, pues, a preparar lugar para vosotros. —RVR 1960

¿Alguna vez has tenido que empacar para mudarte a otra casa? Es increíble la cantidad de cosas que las personas usamos en nuestro vivir cotidiano. Cosas de madera, de plástico, de metal, cosas, cosas y más cosas. La nueva casa debe ser preparada. Tenemos que pintarla y equiparla con agua, gas y cortinas. Y eso que nuestro hogar aquí en la Tierra es solo temporal. ¿Te imaginas si tuviéramos que empacar para ir a nuestra morada eterna?

Yo empacaría chocolates y chilitos en vinagre. Lo bueno es que no necesitamos llevar nada. ¡Jesús mismo ahora se está encargando de preparar nuestro futuro hogar! Y es hermoso. Las calles son de oro y las puertas tienen piedras preciosas incrustadas en ellas. No es necesaria la luz artificial porque la gloria de Dios lo ilumina todo. No habrá llanto ni dolor.

Nuestro espíritu sí debe estar preparado. Hay que estar a cuentas con Dios cotidianamente y desarrollar los dones que Dios nos dio, para entregar buenos resultados. Aliéntate al recordar que Jesús prometió llevarnos a aquel lugar. Que tus cargas temporales no te roben el gozo y la esperanza.

Nadie pudo ver el cielo sin elevar la mirada.

JOSÉ NAROSKY

CARA A CARA

Juan 16:16

*Todavía un poco, y no me veréis; y
de nuevo un poco, y me veréis; porque yo voy al Padre.* —RVR 1960

¡Cuán sublime privilegio el contemplar el rostro de Jesús! Quienes le conocieron, le verán otra vez en el cielo. Quienes no le conocimos, le vemos con los ojos de nuestra imaginación. Los mejores artistas han hecho su versión: «La última cena» de Da Vinci, «Cabeza de Cristo» de Rembrandt, incluso el «Cristo Crucificado» de Diego Velázquez.

Recientemente, el History Channel recreó el rostro de Jesús en 3D por medio de un programa de computadora, tomando como base el sudario de Turín. La BBC de Londres hizo lo mismo, usando también el cráneo de un judío del siglo I hallado en un cementerio en Israel.

No sabemos cómo fue Su aspecto, pero llegará el día en que le veremos. Marcos Vidal habla de ello en su canto: «Solo déjame mirarte cara a cara, y perderme como un niño en tu mirada, y que pase mucho tiempo y que nadie diga nada, porque estoy viendo al Maestro cara a cara. Que se ahogue mi recuerdo en tu mirada, quiero amarte en silencio y sin palabras, y que pase mucho tiempo y que nadie diga nada, solo déjame mirarte cara a cara».

¿Has pensado en ese momento? Falta poco.

El Rey ya viene, oh, el Rey ya viene; ya se escuchan las trompetas y Su rostro veo ya.

ROCÍO CROOKE

EL CENTRO DE TODO

Juan 17:24

Padre, quiero que los que me diste
estén conmigo donde yo estoy ...
—NTV

*L*eonardo da Vinci conocía la importancia de tener a Jesús en el centro. En su pintura de «La última cena», todas las líneas convergen hacia un punto: el rostro de Jesús. La precisión matemática de esto permite que los expertos identifiquen copias falsas al medir las líneas y determinar si el rostro de Jesús está o no en el centro de la pintura.

Para medir nuestras vidas y saber si vamos por el buen camino podemos hacer lo mismo. Si medimos las líneas de nuestras actividades y motivaciones, y no tienen en el centro a Jesús, estamos perdiendo el rumbo. Pero si todo en nuestras prioridades y experiencias apunta a Jesús, debemos seguir adelante.

Cuando Jesús terminó el sermón del aposento alto, oró a Su Padre. Sus palabras son promesas para nosotras. Pidió protección para Sus hijos, pidió que fuéramos uno, pidió que estemos para siempre con Él. No estamos solas. Jesús está con nosotras. El Espíritu Santo está con nosotras. El Padre está con nosotras.

El centro de todo es Jesús. Él murió para que estemos con Él. Hoy vivimos confiando que está con nosotras. Nuestro destino final es a Su lado. Cuando Cristo es el centro de la vida, ¡todo adquiere perspectiva! Como en la pintura de Leonardo, todo apunta a Jesús.

❧

¿Está Cristo en el centro de tu vida?

ÍNDICE DE CONTRIBUYENTES

———